TAUROEÏS
CITÉ DE POSÉIDON

Franck Solèze

Tauroeïs
Cité de Poséidon

Le crépuscule des Massaliotes

© 2024 Franck Solèze

Édition : BoD · Books on Demand GmbH, In de Tarpen 42, 22848 Norderstedt (Allemagne)
Impression : Libri Plureos GmbH, Friedensallee 273, 22763 Hamburg (Allemagne)

Illustration : dream / Solèze

ISBN : 978-2-3225-4004-4
Dépôt légal : novembre 2024

Il n'y a pas de précurseurs, il n'existe que des retardataires…

Jean Cocteau

Ré introduction

Ce deuxième ouvrage fait suite à mon premier et il en est la continuité. Chronologiquement il repart à partir du paragraphe 43 de "Tauroeïs et non Tauroentum" soit "retour à Sanary". Tout en écrivant ce dernier pour pousser à l'intéressement et au déclenchement de recherches d'élucidation du champ électromagnétique résiduel de piézoélectricité, je continuais mes relevés et ses derniers enterraient littéralement mon projet à cause du grand nombre de temples trouvés dans le sanctuaire de temples de Sanary qui rendait mes trouvailles peu crédible. Plus de cinquante à l'heure où j'écris ces lignes et venant de finir Tauroeïs et non Tauroentum, maintenant que j'ai l'esprit libre également, je vais continuer les relevés et en trouver encore d'autres.

Dans les villes environnantes je trouve encore des temples dont je ferai part également dans ce volume et cette vision globale de la Grèce de la Côte d'Azur paraît bien irréelle de par la multitude d'édifices, de la grandeur que cela suggère dont il ne reste absolument plus rien, plus aucune trace. À quelques endroits je soupçonne des restes de socle de temple, physique cette fois-ci, des pierres, fondations, que je dois faire expertiser. Personnellement je prêche en convaincu, du moins le champ électromagnétique est tellement puissant sur ces pierres qu'il sera difficile de me faire croire qu'il s'agit de simples rochers.

Pour ce deuxième volume je pensais que j'allais évoquer uniquement le sanctuaire de temples et qu'il n'y aurait pas de passages historiques épicés, soit arrachés à la mémoire du temps grâce aux échos temporels. Or nous sommes début mai, César n'est pas encore arrivé à Massalia de cette période de l'année, mais les échos temporels ont recommencé et j'ai pu replonger avec le plus grand des plaisirs en 49 av. J.-C en les lisant et déjà le texte de César de la Guerre civile vole en éclat. Je vous en ferai part dans la deuxième partie de ce volume " le crépuscule des Massaliotes ".

Pour ceux qui n'auraient pas lu le premier volume, je conseille vivement de le faire pour avoir une compréhension logique et chronologique de mes recherches, car cela va être mouvant dans ce volume.

Globalement et en résumé, ce qu'il est important de savoir, c'est que je cartographie les cités grecques Massaliotes avec un champ électromagnétique résiduel de piézoélectricité laissé par les temples et fortifications. À savoir qu'une pression exercé sur du quartz présent dans les pierres, crée un courant dit piézoélectrique et que son existence prolongée selon ma théorie, soit de 150 ans minimum laisse un champ électromagnétique résiduel de piézoélectricité me permettant de situer ce qui a été sans qu'il n'en reste aucun édifice.

Plus difficile encore à entrevoir pour les entendements commun, je lis également les fréquences résiduelles d'événements qui se sont passés (sujet bien expliqué dans le premier volume) et j'ai découvert que ces dernières sont ravivées par l'écho temporel, soit la date anniversaire de l'événement, Bataille navale, siège, etc. Et le tout font mes livres, soit le récit de mes recherches et pour vous comme pour moi, un voyage dans le temps.

Le résiduel électromagnétique pourra peut être être prouvé un jour, car il s'agit d'un phénomène physique bien réel alors que les échos temporels sont eux, pour leur part, des phénomènes paranormaux plus difficilement abordables par les technologies contemporaines. J'aimerais cependant également que des approches scientifiques soient effectuées sur ces derniers, car ils donnent une carte de l'histoire à explorer qui n'a pas fini d'enrichir le savoir perdu des événements passés, de passages de l'histoire de notre humanité.

Si cela ne vous paraît pas très clair, le premier volume est là pour tout clarifier et vous aurez ainsi en le lisant votre premier galon de voyageur temporel.

Je vais reprendre ici mon récit donc et je vous indiquerai à quel moment du livre correspond à maintenant, sachant que ce qui va suivre je l'ai écrit pendant l'écriture de Tauroeïs et non Tauroentum, du moins au début et qu'il a fallu stopper mes relevés pour continuer mon livre, car j'avais trouvé un bien trop grand nombre de temples déjà, et que l'écriture de mon livre devenait trop mouvante, puisque j'avais de nouvelles informations en cascade, des données qui pouvaient modifier mon récit en cours d'écriture, n'ayant pas arrêté mes relevés. Il fallait pour répondre à cette problématique, finir mon livre comme pour inscrire un premier marqueur et couper la source d'informations un moment. Finalement je suis heureux de me rendre compte que dans ce volume je vais encore pouvoir y ajouter des voyages temporels, et pas qu'un peu, du moins je vais essayer de vous ramener le plus d'éléments possible de 49 av J.-C, car j'avais cru dans un premier temps ne donner que des informations sur les temples et non comme dans le premier, une suite d'événements, parfois arrachés aux échos temporels.

Or nous sommes en mai, et la boucle temporelle de la saison de la guerre des Massaliotes contre César recommence (19 avril jusqu'au 25 octobre). De récentes lectures d'échos, soit réalisées début mai de cette année 2024, déjà il apparaît que César a déclaré la guerre aux Massaliotes sans être devant les portes de Massalia et c'est déjà très lourd de conséquences sur la justesse du récit de Lucain (la Pharsale) par exemple et cela ajoute partiellement un élément à ma théorie que certains de ces textes antiques sont bel et bien des éléments filtrés, comme une bible de dictature réussie, une trame de savoir historique a suivre en ces temps reculés, à l'époque sous peine de mort, soit un cache génocide.

Mais pour l'instant, repartons au moment du début de la découverte de l'un des sanctuaires de temples de Tauroeïs, soit sur la partie côtière ouest de Sanary avec les lignes qui vont suivre, soit fin 2023 début 2024 au moment où j'écrivais les lignes de Tauroeïs et non Tauroentum.

1ER PARTIE

TEMPLES ET SANCTUAIRES

1

Les débuts du sanctuaire de temples de Sanary/ La récompense

Oct 2023

Normalement quand on écrit un livre c'est qu'on a fini ses travaux. Or ce n'est pas le cas dans le cadre de mes recherches, car tout en écrivant Tauroeïs et non Tauroentum j'ai continué mes relevés. Ce n'était pas très loin de chez moi, c'était sur la colline de Notre-Dame de pitié, soit dans l'enceinte du bastion de Portissol que j'avais cartographié précédemment, dont je pensais à l'époque qu'il était rempli d'habitations. J'ai d'abord trouvé un grand temple de 20x50 mètres (n°1 sur le plan p313) en haut de la butte, chemin du Calvaire, le crépis posé sur un socle en escalier encore, mais différent en dimensions du socle du temple de la pointe du Cougoussa de l'île des Embiez. (voir Tauroeïs et non Tauroentum p 267) J'ai d'abord été arrêté par les zones privées pour effectuer les relevés, puis je me suis souvenu de ma bonne vieille technique de délimiter les édifices inaccessibles au sol avec les perturbations du champ électromagnétique en trois dimensions, soit visibles dans le ciel, pour délimiter les dimensions du temple, largeur comme longueur. Le socle en escalier est de quinze mètres de largeur côté est, ouest et nord, soit sur la pente la plus raide, et de cinq mètres de large sur le côté sud sur la pente la plus faible (c'est le cœur de la chapelle de Notre-Dame de pitié). Moi qui rêvais de commencer à cartographier un temple de l'intérieur, cette fois-ci le temple était accessible à pied, contrairement au temple de la pointe du Cougoussa aux Embiez, mais sur zone privée. Néanmoins, je profitais d'une occasion de voir une propriétaire dans son jardin pour lui parler de mes recherches. Je n'avais pas encore établi le plan global des limites du temple et de son socle. Une fois fait, je revins mettre un courrier dans sa boîte à lettres pour lui montrer sur plan les points que j'avais besoin de confirmer sur sa propriété. Mais les points j'avais pu les faire entre temps avec les relevés en trois dimensions. Je voulais juste foncer dans le temple, du moins au début du temple pour le cartographier de l'intérieur. Je n'ai toujours pas eu de réponse de sa part à ce jour, mais la maison est souvent fermée, enfin je ne l'ai jamais revue fenêtre ouverte depuis le jour où j'avais pu lui parler.

Quand j'avais commencé à travailler sur la butte, j'avais eu quelques relevés dès le début, plus bas, que je ne comprenais pas. Ils n'avaient pas énormément attiré mon attention puisque j'étais focalisé sur le temple au sommet. Et des relevés dont je ne comprends pas le sens, ce n'est pas possible, je retourne systématiquement sur le site pour finir le travail, afin de comprendre de quoi il s'agit sinon ça peut être une marche de l'escalier que l'on perd et cela peut fausser la suite. Le soir sur géoportail avec la feuille des relevés du jour, j'essayais de comprendre la structure de l'édifice. Je trouvais en élaborant une projection sans relevé complet, une cote de vingt mètres, ce qui est la largeur approximative d'un temple comme celui de Poséidon précédemment trouvé : encore un temple ? Plus bas et de la même taille ? Le grand temple du haut de la butte venait de se prendre une claque, il n'était plus tout seul. Je projetais sur le plan les cinquante mètres de longueur approximative et la fin du temple tombait sur une route non privée . Le lendemain je fonçais vérifier la projection et ce fut un match total. Le champ électromagnétique s'arrêtait exactement à l'endroit prévu. C'était bel et bien un deuxième grand temple de 20 mètres par 50, certainement péristyle (entouré de colonnes), mais sans socle sous le crépis pour celui-ci. (n°4)

Deux autres relevés de dix mètres de large m'étaient encore obscur, car ils finissaient également dans des propriétés privées. Sur la photo satellite le soir j'établissais le plan des deux grands temples. Celui du haut de la butte était quasiment parallèle dans sa longueur à la falaise et le second était de biais et plus bas. Sur le plan apparaissait une route bien droite qui était parallèle au grand temple du haut et à peu près de la même longueur qu'un temple de 20x50 mètres... Je me disais pourquoi pas un troisième temple? Je fonçais vérifier le lendemain et ce fut encore un match total. Il était bien là, un troisième temple (n°8). Bien sûr, je pensais encore," ça va être dur de tout faire accepter", mais on sait tous maintenant que j'en suis bien loin. Ce temple était accessible à pied, à l'intérieur sur la route. Je vous laisse imaginer comment j'étais, un tigre affamé de fréquences résiduelles, prêt à grogner si on m'empêchait de travailler. Je délimitai quelques murs à l'intérieur, l'endroit où se trouvait la statue, la zone de prosternation lui faisant face et un bassin rectangulaire de plus petite taille que celui du petit temple in antis d'Héraclès du bastion nord de la ceinture défensive est du Brusc (voir Tauroeïs et non Tauroentum p266). Je sentais au niveau de la zone de prosternation devant la statue des fréquences résiduelles de : femme et la mer.

j'ai d'abord trouvé Amphitrite, la femme de Poséidon puis avec une seconde méthode plus précise trouvé récemment pour l'élucidation des divinités des temples, je pense aujourd'hui qu'il s'agit de Téthys, une titanide personnifiant la fécondité marine. Ces temples dédiés aux divinités de la mer collent parfaitement avec le fait que les Massaliotes avaient la majeure partie de leur commerce réalisé par voies maritimes. Puis je comparais mes relevés sur le plan[1] global en coupe du temple d'Héphaïstos d'Athènes et cela collait parfaitement. Il y avait juste à ajuster les proportions de l'Héphaïstéion soit de 13,7m x 30,7m à la taille du temple de 20x50 mètres pour y retrouver la même construction. Je compris alors que je n'avais plus besoin de rentrer dans les propriétés privées pour faire le plan des temples, car ils étaient apparemment sur le même modèle pour celui là. J'aurais dû y penser plus tôt, mais comme je l'avais précisé dès le début, je mets en priorité mes relevés. Je retranchai sur le plan du temple la position de la statue, soit sur la partie nommée le Naos, ainsi que sur les autres temples pour voir si les zones des statues étaient accessibles, soit dans un jardin privé, soit sur une route publique. Ce sera dans le jardin d'une résidence privée pour le grand temple du haut et pour le temple du milieu, soit elle se trouvait sur une zone privée, soit si l'entrée était de l'autre côté, elle se trouverait sur une route accessible. Son entrée potentielle si le temple était dans le même sens que les autres se trouvait face à la muraille d'enceinte du bastion de Portissol. Ce qui n'était vraiment pas harmonieux pour la position d'un temple, ni logique, donc j'avais vraiment grand

---

[1]Plan de l'héphaistéion voir biblio.num. plan p316

espoir que l'entrée soit inversée et que par conséquence, l'emplacement de la statue soit sur la route.

Le lendemain, évidemment, je fonçais sur l'endroit repéré approximativement sur le plan et à quelques mètres près, vu que la route est étroite, soit à un mètre près on est sur une zone privée. On va dire que je retenais mon souffle, plutôt je retenais ma future joie. Je trouvais les fréquences résiduelles de la statue de la divinité à laquelle le temple était dédié collées à un mur de la résidence. La zone de prosternation (dans le Naos) était dans une zone privée, or cette dernière peut être un complément d'information puisqu'on peut y trouver les intentions des personnes qui venaient y prier comme au précédent temple. Je m'adossais au mur. Je sentais : homme, lance, chimère. Je pensais à Poséidon logiquement, je regardais immédiatement sur mon portable et je trouvais Bellérophon, le fils de Poséidon, tuant la chimère avec sa lance. Vous savez ce que c'est un homme heureux ? En voilà une définition. Donc c'était une suite logique avec le premier relevé du troisième grand temple (n°4), soit on était resté dans la famille. Logiquement le grand temple du haut de la butte devrait être celui de Poséidon, mais qui sait ? Je ne peux rien établir sans lecture sur place et les Grecs m'ont déjà fait bien des surprises sur des éléments dont je pensais pouvoir compter dessus aveuglément (vérifié depuis). Trois grands temples de 20x50 mètres c'était énorme, je n'avais pas trouvé les habitations qui pouvaient expliquer tous ses temples. Cela ne collait pas. En fait, cela devait être un sanctuaire, un endroit où l'on venait prier en toute sécurité, pourquoi pas un refuge pour les grands prêtres et prêtresses, voire même où l'on formait ces derniers. Un endroit religieux au sein d'une forteresse pour assurer le maximum de sécurité et de tranquillité. Je me dis alors qu'il devait y avoir encore d'autres temples puisque le rempart qui fermait la zone était encore bien éloigné, et que les deux relevés de dix mètres de large devaient être eux aussi, peut être, des petits temples de dix mètres par trente (in antis ou prostyle) comme au bastion nord de la forteresse du Brusc. Il faudra pour ces deux-là que je rentre dans des zones privées, avec accord des propriétaires évidemment pour les vérifier mais il est quasi certain que s'en soit également. Ils s'implantent parfaitement dans une logique d'ascension. Le temple de Téthys est à dix mètres d'altitude, celui de Bellérophon à vingt-quatre mètres, et le plus haut sur la butte soit possiblement Poséidon, est à trente-deux mètres d'altitude. Les deux petits temples (n°2 et n°3) sont entre le temple de Bellérophon et celui de Poséidon.

Pour reconnaître quel type de temple auquel j'ai affaire lors de mes relevés, j'ai dû arrondir les dimensions. Approximativement, dix par trente, vingt par cinquante, trente par soixante-dix pour le Parthénon, quarante par quatre-vingt-seize pour le temple de Zeus, l'Olympiéion, situé au pied de l'acropole d'Athènes. Ces trois derniers exemples se trouvant tous à Athènes évidemment.

Je pensais que la zone de la statue des deux petits temples se trouvait en zone privée, or il y avait vu l'implantation de la muraille qui entourait le bastion, une chance sur deux qu'elle soit sur la route. Sur place, je délimitais exactement la fin côté nord des deux petits temples en regardant le champ électromagnétique en trois dimensions. Selon ces relevés, les statues se trouvaient sur la route si l'entrée des deux temples était côté est ,et par chance, c'était le cas. Pour le temple le plus près de celui de Poséidon je trouvais Triton (n°2), le fils de Poséidon, et pour celui un peu plus bas je trouvais Tyché[2] (n°3), déesse de la prospérité. Je pensais que l'on sortait du contexte de la mer, or non, car Tyché est une océanide.

Il y avait sous le temple de Bellérophon un relevé que j'avais d'abord pris pour une muraille mais il s'avérait être également un petit temple de dix par

---

[2]Les informations sur les divinités grecques proviennent de wikipedia

trente. Pour ce dernier la statue était sur zone privée dans un jardin. Je ne sais pas d'où j'ai sorti mon effort de concentration (certainement dû à la frustration d'être dans l'incapacité de la lire) sur la zone de la statue juste en la regardant mais j'ai trouvé selon les éléments recueillis en les entrant sur internet : Athéna (n°5). Alors Athéna dans un temple de dix par trente sachant qu'à Athènes le Parthénon[3] lui est dédié et qu'il mesure 30,8 par 69,6 mètres, je me suis dit que cela allait être dur à défendre. Or en lisant ces spécificités, dans la mythologie grecque Athéna soutient Bellérophon : sauvé. Ce qui justifiait son emplacement juste sous le grand temple de ce dernier.

Comme j'avais dans un premier temps délimité la muraille qui entourait le bastion de Portissol, il restait encore beaucoup de zones à voir avant la partie militaire, dont une zone bien plate au début du bastion. Vu l'emplacement en pleine ville cette fois-ci je pensais que j'allais revenir bredouille de l'inspection. Or non, encore un temple de 20 mètres par 50 environ dédié à Niké (déesse de la victoire) (n°6) et un petit temple de dix par trente dédié à l'Hydre de Lerne (n°7). À l'autre extrémité, après le temple de Téthys, je trouvais encore deux autres temples de 20 mètres par 50 (n°9 et n°10), ce qui faisait que je me retrou-

---

[3]Parthénon voir biblio.num. Plan p319

vais encore dans la même problématique que depuis le début de mes recherches : trop d'édifices, trop de pierres, aucun reste retrouvé, aucune trace dans les textes. Cependant le sanctuaire est bien là et autant de concentration de temple, je ne sais pas si on a déjà trouvé un site du genre. En même temps, c'est bel et bien une civilisation, les Romains, qui en efface une autre, celle des Grecs.

Logiquement, par rapport à cette première partie d'élucidation de temples trouvés et surtout des divinités auxquelles ils étaient consacrés, je pense qu'il faut voir les choses ainsi : les Grecs n'avaient pas la météo et les prévisions que cela comporte, et comme leur commerce était essentiellement basé sur le transport par voie maritime, ils venaient au sanctuaire faire des offrandes et des célébrations aux divinités de la mer pour s'assurer de leur soutien, selon leur croyance, pour la pérennité de leur commerce et de leur voyage en mer.

J'ignore si, quand le champ électromagnétique résiduel sera révélé et visible sur caméra, on trouvera autant de temples dans les autres comptoirs grecs, de la Côte d'Azur, je pense que non, mais il semble bien que les prêtres et les prêtresses grecques, vu la concentration de temples, aimaient eux aussi, la sécurité qu'offrait Tauroeïs.

2

Retour à Tauroeïs au bastion nord

Fort de mon expérience avec les temples pour détecter les divinités auxquelles ils étaient dédiés, je me suis souvenu du petit temple du bastion nord au Brusc en pensant que la statue était accessible à pied sur une route non privée. Évidemment je suis allé sur zone directement, et ça a été beaucoup plus facile que ce que je ne me l'imaginais, malgré que la statue soit sur une route assez fréquentée quotidiennement. J'avais peur que les fréquences résiduelles soient effacées. Je me mis exactement sur l'endroit de la statue et je sentais force et puissance, ça je l'avais déjà vu au début. J'ai pensé d'abord à Hercules soit Héraclès dans la mythologie grecque. Puis j'ai senti qu'il avait une bête sur le dos. J'ai d'abord pensé à un mouton, large fourrure. Jason? Ça ne collait pas avec la force. J'ai tapé" homme fort avec bête sur le dos mythologie grecque dans le moteur de recherche d'internet, il en est sorti Héraclès ayant la peau du lion de Némée sur le dos qu'il avait préalablement vaincu (je redécouvre des éléments de la mythologie grecque en même temps que mes recherches, enfin le lion de Némée je l'avais oublié celui-là, en même temps il est évident que je ne connais pas toute la mythologie grecque sur le bout des doigts donc internet est vraiment pratique et salvateur, de plus les premiers résultats qu'il en sort ne sont jamais très loin de la conclusion finale de par le calculateur du moteur de recherche). Le temple d'Héraclès, au bastion nord de la ceinture défensive, devant lequel les soldats, hoplites, s'entraînaient. Tout concordait encore. Il me restait à faire également le grand temple de Tauroeïs en haut des Embiez et je pensais clore mon premier livre avec ce dernier, or le sanctuaire n'en avait pas fini avec moi…

3

Portissol partie ouest / Un nouvel angle de vision et d'analyse du sanctuaire

À Portissol je n'arrêtais pas de trouver des temples, des supposés hexastyles de vingt par cinquante mètres donc à chaque fois, une avalanche de temples... Il était évident que chaque surface plane pouvait être susceptible de supporter un temple. Je partais donc de la plage de Portissol pour remonter vers le centre de Sanary pour pouvoir tous les relever.

Sept temples en ligne s'y trouvaient, espacés de cinq mètres chacun environ hormis l'avant dernier (20,21,22,23,24,27,28), à ajouter aux huit temples déjà trouvés plus bas vers la butte de Notre-Dame de pitié. Et deux autres encore en longueur, perpendiculaire à la ligne de temples (25,26), ce qui me laissait penser qu'il y en avait encore d'autres, le supermarché du temple grec en gros. La moitié côté butte de Notre Dame de pitié est axée sur les dieux de la mer pour s'assurer un commerce florissant par voie maritime et l'assurance d'un voyage serein, du moins sans naufrage. Ceux qui sont vers la plage de

Portissol étaient peut-être pour des divinités classiques, du moins c'est ce que je pensais. Soit seize temples déjà trouvés et ce n'était pas fini. Je pensais alors qu'il n'y avait qu'une seule chose qui pouvait expliquer cette sur-concentration de temple : l'argent. Je pensais que je venais de trouver une pompe à fric antique…Ce sanctuaire était pour les riches familles massaliotes de la forteresse de Tauroeïs des Embiez… Il devait y avoir une navette par voie maritime et les riches habitants venaient dans le sanctuaire faire des offrandes, donner des prières, des cérémonies pour x raisons : une pompe à fric. J'étais un peu déçu quand même, quoique l'on retrouve bien là un des paramètres similaires à notre civilisation actuelle dans le sens où nous avons les deux extrêmes côte à côte. Les riches familles massaliotes dans les temples, et deux murailles plus loin, les routes sécurisées vers les zones de travail, soit des esclaves. Et là du coup on pourrait voir les Romains comme les révolutionnaires qui ont renversé la donne, j'étais loin du compte, je le verrais plus tard, mais je n'avais pas à l'époque les informations acquises par la suite pour élaborer un statut différemment.

Je ne savais plus quoi penser. Je pensais réellement avoir ressuscité une pompe à fric donc. Ce qui était plus que navrant quand on cherche à enrichir les données culturelles et historiques.

Je retournais faire des relevés de temples sur des endroits où il était susceptibles que j'en trouve à savoir des zones plates. Et j'en trouvais encore et encore, quatre nouveaux 20x50 mètres… J'arrivais à un total de vingt grands temples de 20x50 mètres. À chaque fois que j'en trouvais un j'étais déçu, je pensais : encore une machine à sous de la pompe à fric antique pour les riches familles massaliotes. Comment aurais- je pu penser qu'un jour je serais déçu de trouver des temples. Puis j'arrivais au nombre de vingt-cinq temples tous formats confondus, sachant que je n'avais pas fait toutes les zones du bastion de Portissol délimité par la muraille d'enceinte, ce qui était très positif puisque dès le début j'avais les limites extérieures. Donc environ trente temples supposés pour un décompte final, cela ne pouvait plus être qu'une pompe à fric, car trop important pour la population qui pouvait résider sur la moitié du bras de terre des Embiez, mais bel et bien un grand sanctuaire de temple qui avait pris position au sein de Tauroeïs pour la sécurité que la ville offrait premièrement et secondement pour l'avantage d'avoir de riches donateurs à proximité je pensais, possiblement ceux qui étaient à l'initiative de la demande de sanctuaire d'ailleurs (je n'étais qu'au début de mes investigations, le futur me ferait penser différemment). La partie côté Sanary est vraiment axée sur Poséidon et les divinités de la mer, donc pour cette partie-là, il est certain que cela touchait l'intérêt de la pérennité de leur commerce maritime, pour la partie du côté de la plage de Portissol, les temples étaient dédiés à des divinités d'ordre général je pensais. Cela allait être très difficile de trouver les divinités pour chacun, car le champ électromagnétique de ces derniers était très faible. Certainement du fait qu'ils étaient plus récents, le résiduel de piézoélectricité ayant eu moins de temps de charge, comme une deuxième vague de construction de temples. À ce sujet, le temple de Niké, dont j'ai trouvé la statue encore avec un effort de concentration conséquent, situé à l'extrémité est du bastion soit côté port de Sanary, à le champ électromagnétique le plus fort. Peut-être a-t-il été le premier temple à être construit. Il est sur un aplat et pas éloigné de l'espace que je soupçonne être le port antique, qui se trouvait, je pense, vers la jetée du phare actuel. Peut-être même a-t-il été dédié dans un premier temps à une autre divinité, comme Poséidon, puis avec la construction des autres temples, Poséidon est passé à la place la plus haute et Niké a pris sa place. Juste à côté de lui se trouve le petit temple de l'Hydre de Lerne avec ses neuf têtes de serpents. Peut-être que les Grecs mettaient leurs divinités d'animaux fantastiques en périphérie un peu comme premier gardien du sanctuaire, cela y ressemble, mais il est fort possible que mythologiquement cela soit pour une autre signification. Pour le temple de l'hydre de Lerne (n°7), j'ai finalement trouvé une possible explication de sa présence dans le sanctuaire, cette divinité n'ayant pas de lien de parenté directe avec Poséidon. J'avais pensé qu'ils devaient lui faire des offrandes pour qu'il n'y ait pas de tempête au ressenti et j'ai finalement trouvé une explication viable en ce sens. L'Hydre de Lerne est un serpent à neuf têtes dont une est immortelle. Il a été élevé par Héra, la sœur de Poséidon, déjà on retrouve un lien avec Poséidon, comme il s'agit d'un monstre qui a été amadoué par une divinité de sa lignée. Et il est le fils de Typhon, un titan considéré comme le père des vents forts et des tempêtes. Énigme résolue. (source wikipedia ,moi aussi je sais faire du copier-coller, mais ce n'est pas ma vocation principale).

Toujours avec la technique d'évaluer la position de la divinité dans le temple à 35 mètres environ de l'entrée et d'ensuite me concentrer sur la zone soit en la regardant si je n'ai pas d'accès direct, soit en me mettant dessus si j'en ai la possibilité, je trouvais la divinité d'un grand temple qui était juste entre celui de Poséidon et de Téthys. Je sentais donc pour celui-là beaucoup de lumière et des fréquences féminines. Je regardais sur internet, déesse de la lumière : Héméra déesse du jour. Aucun lien direct avec Poséidon sauf que Héméra est la mère de Thalassa, l'esprit premier de la mer (n°9).

Je trouvais aussi le temple de Promethée que j'avais pris pour celui d'Héphaïstos dans un premier temps (n°30), celui-là il a été facile, le feu… étant plus à l'ouest c'est ce temple là qui me fit penser que les temples d'après devaient être dédiés à des divinités plus classiques.

Parfois, comme pour le temple d'Héméra, l'entrée comme le opisthodomos qui se situe à l'arrière du temple, ou les limites du péristyle, la galerie de colonne faisant le tour du temple, sont sur des zones privées. Ce qui fait une première cartographie hasardeuse à quelques mètres près. Or la position de la statue me donnait toutes les indications qu'il me manquait puisque je n'avais plus qu'à en déduire les autres éléments du temple.

Globalement je me retrouvais encore dans le problème de surnombre d'édifice. Qui allait croire ça? Une trentaine de temples dans un sanctuaire dont on ne trouve aucune trace nulle part, aucun récit, rien. Ni Strabon ni Ptolémée, connus comme des géographes de l'antiquité, n'en évoquent l'existence nulle part. Il n'y a pas d'entreprise plus mal embarquée que la mienne, déjà de plus, de ce que j'avais trouvé précédemment. Or il y avait la carte de Peutinger. J'avais déjà vu cette carte. Il s'agit d'une carte des voies romaines qui est une copie de la carte originale dite théodosienne[4]. Massalia y est figurée comme Mafilia Graecorum donc toujours également grecque. Il y a sur Massilia deux petites maisons signifiant selon la légende les villes et à côté, soit environ à l'endroit approximatif de Tauroeïs il y a un symbole qui est supposé indiquer des thermes Romains. Or il fait partie des plus gros symboles sur la carte, comme une place importante. Dès le début j'avais pensé qu'il pouvait s'agir de Tauroeïs et désigner ainsi sa grandeur. Or non, il est indiqué juste au-dessus bel et bien thermes."aquis segeste" le nom d'une ancienne ville thermale du loiret... Le copiste se serait-il permis une interprétation des symboles ? Ou comment tirer des éléments à mon avantage. Les autres symboles de thermes sont identiques et leur centre est en bleu, or celui de Tauroeïs ne l'est pas. Enfin ça ne sert à rien de tergiverser, mais ça m'aurait bien aidé. En attendant sur la carte il y a un symbole qui ressemble fort à une concentration de temple sur l'endroit de Tauroeïs, mais ce sera évidemment insuffisant pour prouver quoi que ce soit, seule l'élucidation du champ électromagnétique résiduel pourra tout clarifier.

---

[4]Carte de Peutinger (voir biblio.num.)

4

Première élucidation des divinités de la rangée de temple

Nous arrivons maintenant au moment où mon livre rejoint le temps réel de mes recherches, c'est-à-dire qu'à partir de maintenant je conterais les travaux et trouvailles du jour.

(nov 2023)

J'avais décidé d'aller essayer de trouver les divinités des sept grands temples que j'avais trouvés à Portissol, tout en long comme des machines à sous donc, ce que j'avais pensé en les trouvant. Or non, nous sommes bien dans un centre, sanctuaire religieux important. Le champ électromagnétique étant très faible de par leur construction tardive, je pense, je savais que je me lançais dans une entreprise difficile, voire impossible. Je commençais par le premier temple. J'isolais l'endroit de la statue pour me focaliser dessus. Toutes les statues de ces sept temples sont en zone privée ce qui allait corser l'entreprise. Je n'avais pas grand espoir de faire mouche et pourtant j'arrivais à extirper quelques informations. Quand le résiduel de piézo-électricité, s'il s'agit bien de ce type de phénomène, sera élucidé, je n'ai aucune idée s'il permettra aussi de visualiser les statues (finalement plus tard je penserai que oui, car le courant piézoélectrique passe apparemment dans toutes les pierres du temple, statue comprise, or des fois il peut y avoir des absences de conduction comme pour une statue chryséléphantine faite de plaques d'ivoire, d'or et de bois). Mais j'ai bon espoir que oui. Ce sera faible, mais j'espère que l'on pourra en tirer des conclusions. Donc je m'attaquais au premier temple (n°20) et plus que difficilement j'arrivais à voir des ailes, un glaive levé, un homme. Les ailes n'appartenaient pas à l'homme. Je pensais alors à un cavalier sur Pégase. Je consultais internet pour chercher qui avait monté Pégase : il s'agissait de Bellérophon. Comme j'avais déjà trouvé un temple de Bellérophon, mais cette fois-ci tuant la chimère, j'ignorais que les scènes pouvaient être importantes pour qu'on y consacre un temple également.

C'était aussi, comme étant le premier, je pensais alors, un temple d'accueil au sanctuaire. Sachant que cette partie du sanctuaire pouvait être visité par des voyageurs, pilotes et commerçants maritimes, quel meilleur accueil que par un cheval ailé, symbole de voyage facile, monté par Bellérophon fils de Poséidon. Pégase est aussi l'animal ailé grâce auquel il a pu vaincre la Chimère, prenant de vitesse avec son aide, les flammes que lui envoyait cette dernière, échappant au danger mortel, ce qui peut donner beaucoup d'autres d'orientations.

Légèrement rassuré sur la possibilité de trouver les divinités de ces temples semi-effacés, je m'attaquais au deuxième temple (n°21). Je trouvais une femme sur une sorte de monticule et une longue tresse. Je me dis alors que cela commençait à devenir compliqué, je pensais que je n'allais pas pouvoir continuer et que déjà au deuxième temple je flanchais, l'exercice étant vraiment difficile. Je tapais ces éléments sur internet pour tomber sur Pénélope. Femme d'Ulysse donc qui pendant le voyage de se dernier, tissait une tapisserie, elle, étant resté à terre, symbole de sa fidélité car elle avait répondu à ces prétendants qu'elle serait disponible seulement quand elle aurait fini de tisser sa pièce. Là, la tapisserie était un réel monticule, pour rassurer le voyageur ou le navigateur, je pensais. Un temple pour Pénélope je trouvais cela bizarre, elle n'est pas vraiment une divinité, c'est une mortelle. Or pour le voyageur qui est loin de chez lui, cela a toute son importance : L'assurance que sa femme lui resterait fidèle et l'attendrait pendant toute la durée de son voyage, soit de son absence. Cela aurait pu correspondre, mais avec ma deuxième technique de vérification des divinités des temples (dont je vous ferai part dans mon prochain volume) avec laquelle j'ai entièrement vérifié toutes mes premières élucidations de divinités , j'ai finalement trouvé qu'il s'agissait d'Athéna tissant une tapisserie. Dans la mythologie grecque Athéna est connue pour en tisser une où tous les dieux de l'olympe sont représentés.

Au Troisième temple (n°22) je trouvais un homme brandissant une épée vers le ciel après la victoire sur une bête, morte au sol, lui mettant un pied sur sa dépouille.

J'ai trouvé Héraclès avec la victoire sur le lion de Némée, certainement pour redonner force et courage au voyageur. En même temps des victoires sur des bêtes il y en a en nombre dans la mythologie grecque donc ce n'est pas une quasi-certitude, mais cela peut correspondre, surtout pour le soutien du voyageur, une forme de rappel à la force. Et en fait Héraclès tue Némée avec ces mains et non avec une épée. Bellérophon tue la chimère avec des flèches ou en volant au-dessus d'elle avec Pégase, mais toujours pas d'épée. Ou alors il peut s'agir par rapport à l'utilisation de l'épée, de la victoire d'Héraclès sur Scilla, un monstre marin ou la victoire de Persée sur Céto, également un monstre marin. Le mystère reste entier.(avec ma méthode de vérification il s'agit bien de la victoire d'Héraclès sur Scilla).

Au quatrième temple (n°23) je trouvais un animal fantastique, vraiment difficile de trouver duquel il s'agissait. J'optais pour le Kraken, monstre fantastique qui engloutissait les navires et dévorait les marins. J'y voyais pour le voyageur une assurance de ne pas couler et d'être dévoré en lui donnant des offrandes afin de calmer sa fureur. Mais le Kraken est un mythe d'origine scandinave, j'optais à défaut pour Scilla. Donc des offrandes à Scilla pour éviter le naufrage.

Au cinquième temple (n°24) je trouvais une femme dans une vague montrant la voie. Je n'ai pas trouvé immédiatement de quelle divinité il s'agissait, mais il est évident que pour le voyageur marin cela avait toute son importance : ne pas se perdre, être aidé par? Et bien c'était Aphrodite, née de l'écume d'une vague et protectrice des navigateurs. "celle qui accorde une bonne traversée et une heureuse navigation"(source wikipedia)

Entre le cinquième et le sixième temple, il y avait un espace plus important qu'entre les autres temples et perpendiculairement j'y avais trouvé également un autre temple supposé hexastyle de 20x50 m. (n°25).

À la zone de la statue, je trouvais la victoire à l'épée d'un homme sur un autre. Il y avait deux possibilités, soit la victoire d'Hector le troyen sur Patrocle, pas très glorieux pour les Grecs, car c'est une défaite, soit la victoire d'Achille sur Hector, ce qui paraissait plus envisageable. Étant perpendiculaire à la série de temples que je venais de faire, cela pouvait être un thème différent. Peut être s'apprêter au combat contre l'ennemi pendant le voyage et être victorieux, gonflé par la force et l'agilité d'Achille. En fait avec ma dernière technique de vérification il s'agit de la victoire de Thésée sur le minotaure, heureusement que j'ai trouvé cette technique (je ne peux pas vous la présenter ici car elle appartient à des trouvailles que j'amène dans le troisième volume, même si je me lançais dans leurs explications maintenant, elles vous paraitraient hors contexte). Je n'ai pas trouvé la tête du Minotaure lors de ma première lecture car elle était certainement dans une autre matière que du marbre, de par la composition de la statue, réaliser une tête de taureau sur un corps d'homme présente un problème d'équilibre fragilisant la statue. Sinon une tête de taureau je l'aurais trouvé directement or je n'avais qu'un guerrier entier sur cette représentation et l'autre était confus. La tête représentée avec un autre matériaux pouvait aussi avoir vocation d'être plus effrayante.

Au sixième temple (n°27) je voyais un animal fantastique, mais aimé celui-ci et non craint. Comme il y en a une multitude dans la mythologie grecque, cela s'annonçait difficile de trouver lequel, il fallait trouver également lesquels étaient aimés et non craints.

j'optais pour le Griffon et j'ai pu vérifier également cette option.

Le septième temple (n°28) est dédié à Zeus, toujours un 20x50 mètres. J'ai eu du mal à accepter cette affectation au début car pour nous Zeus demeure le roi des dieux, et il est difficile de le cantonner à un temple de cette taille surtout qu'a Athènes un octostyle de 40x96 mètres lui ait dédié soit l'Olympiéion[5], mais j'ai pu valider cette option avec ma technique de vérification qui est pour le coup bien salvatrice. Un peu plus haut en front de mer, il y a également un temple de 30x70 mètres dédié à sa soeur et épouse Héra.

---

[5]Olympiéion voir biblio.num.

5

Les temples à droite de la colonne de temples centrale

Sur le côté droit de cette lignée de temples, ayant la plage de Portissol dans le dos, j'avais relevé d'autres temples perpendiculaires aussi à la rangée centrale de sept temples supposés hexastyles avec des côtes de 20x50 mètres toujours. Je m'étais imposé cette méthode de recherche. D'abord je délimite les temples et pour cela je me concentre sur les champs électromagnétiques résiduels, je me mets en mode relevé en gros, puis je reviens avec le plan des relevés de la veille et je fais une session uniquement pour chercher les statues, soit les divinités des temples à trente-cinq mètres environ donc de la porte d'entrée du temple. Je repère sur la photo satellite le soir leur potentielle position selon l'endroit de l'entrée, gauche ou droite de la longueur du temple, et je vois ainsi si ça va être difficile de lire les fréquences des statues selon leur situation, dans une maison, dans un jardin etc (maintenant je fais les deux directement sur place). Je vous avoue même moi des fois, je ne sais pas trop comment je fais pour déceler les statues. Tout ce que je sais c'est que ça marche et pour preuve encore ces deux derniers relevés. Il peut y avoir plusieurs raisons à cela, premièrement comme je le pense aujourd'hui, le champ électromagnétique résiduel passe dans la statue également, étant habitué à le déceler visuellement, je peux entrapercevoir la statue, deuxièmement par les fréquences résiduelles des personnes venant se recueillir sur la zone de prosternation, elles projettent leur pensée, fréquences, sur la zone et je les récupère, et troisièmement je suis un furieux total puisque maintenant même quand la statue est dans un immeuble, j'arrive à la trouver, mais là je ne sais pas d'où ça sort. La frustration de ne pas trouver la divinité toujours, je pense, qui me pousse certainement à décupler mes capacités sensitives.

Pour la rangée de temples à droite de la centrale (ayant la plage de Portissol dans le dos), par chance les statues sont en pleine rue, mais plus élevées, le niveau du sol devait être plus haut ou bien leurs socles. J'attaquais par le premier temple (n°17), soit le plus proche de la mer : Athéna. j'avais déjà trouvé un temple qui lui était dédié dans le sanctuaire mais de dix par trente sous le temple de Bellérophon. Je me disais que pour la crédibilité ça allait encore jaser. Bon déjà c'était un temple plus grand pour Athéna, déesse de la guerre, 20x50m, c'est toujours ça vu la place qu'elle tenait à Athènes. Quel rapport avec le voyageur ou le commerçant voulant s'assurer la clémence des dieux pour son voyage : aucun. Par contre pour celui qui part en guerre, cela a toute son importance et du coup son emplacement le plus proche du port de Portissol est justifié. Pour ceux qui partaient en guerre, ils n'avaient pas à traverser tout le sanctuaire en gênant les autres qui étaient dans une optique différente, ils n'avaient qu'à aller directement au temple d'Athéna qui était à droite du premier juste avant de partir à la bataille donc.

À la statue du deuxième temple (n°16), je sentais une bête, un ours, assez grand et menaçant. Alors un ours je me suis dit que cela partait complètement en vrille, ils vont dire ça ne tient plus la route, ces relevés ne sont pas sérieux, n'importe quoi, déjà que… Après pour le troisième temple j'ai été interrompu, par une intervention des pompiers dans le quartier, impossible de se concentrer avec la sirène, etc. Je suis donc rentré et la nuit tombait de toute manière. Le soir, à la maison, tranquillement je fais une recherche avec " ours mythologie grecque " sans aucune conviction : Arcas. Alors Arcas je vous laisse trouver le mythe tout seul, mais au final Zeus enlève Callisto et Arcas pour les mettre dans le ciel afin qu'ils ne soient plus jamais séparés. Ils deviendront respectivement la Grande Ourse et la Petite

Ourse, soit des repères célestes pour les navigateurs, pilotes. Qu'est-ce que ça fait du bien de retomber sur ses pattes. Ça m'a redonné totalement confiance pour la suite. Quoique je verrais, je le noterais aveuglément à l'avenir sans trop me soucier de ce que je pourrais trouver comme explication. Avec la Grande Ourse on peut en déduire l'étoile polaire, en multipliant par 5 les deux étoile du bord de la casserole ou la poêle pour ceux qui la désignent ainsi. Et la polaire indique le centre de rotation céleste, soit toutes les constellations tournent autour. J'ai pu finalement vérifier qu'il s'agissait en fait de Callisto soit après sa transformation, répondant à ma dernière technique de verification.

Au troisième temple (n°15), je me focalisais également sur l'endroit de la statue pour y trouver deux hommes minimum qui semblait hisser un drapeau or non ils poussaient quelque chose de lourd du haut de leur bras. Je pensais à Sisyphe, mais il était seul dans sa tâche. N'ayant rien trouvé d'autre je me résignais à ce dernier en voyant comme un message aux commerçants , navigateurs qui ne devaient pas arrêter de faire le même voyage en mer, aller-retour, aller-retour, et une autre personne l'aiderait, mais qui ? Dans la mythologie grecque, je n'ai rien trouvé. Peut-être les Grecs massaliotes s'étaient offert une dérivation pour s'aider dans leur labeur. Si la personne avait été seule, cela aurait pu être Atlas aussi supportant la voûte céleste, le ciel, à côté du temple de Callisto de plus, pas évident de trancher.

Mais finalement j'optais pour Atlas, les deux hommes que j'avais relevés à la fréquence comme deux éléments distincts supportant une boule ou pierre devaient être les deux bras d'Atlas, supportant la terre (je rappelle que déceler les statues est un exercice des plus difficile, peut- être le plus dur dans tout ce que j'ai établi). Dans la mythologie il a été condamné par Zeus à soutenir la voûte céleste. Cela pouvait être donc une prière, offrande faite à Atlas pour qu'il rende bien visible les constellations afin que les pilotes, navigateurs puissent bien se repérer.

Le quatrième temple (n°26) est la décapitation de Méduse dont le sang donne naissance à Pégase le cheval ailé et au géant Chrysaor. Il s'imbrique dans un carré de temple. Nous avons Thésée tuant le minotaure au nord, griffon au sud-est, décapitation de Méduse au sud et Aphrodite à l'ouest. Je n'ai pas trouvé de corrélation subtile mythologique, mais il doit bien y avoir quelque chose. Le temple précédent était assigné à Atlas, ce dernier a été pétrifié pour l'éternité par la tête de la Méduse, juste avant on avait Callisto. La Grande Ourse donne la position de l'étoile Polaire donc, ensuite Atlas et sa voûte céleste figée, puis la décapitation de Méduse qui a permis la pétrification d'Atlas. Je ne sais pas trop vers où chercher. Il va en faire couler de l'encre ce sanctuaire quand il sera révélé...

Pour le cinquième temple il s'agit du Griffon accompagné d'apollon. Dans la mythologie le Griffon garde l'or d'Apollon, peut-être une prière pour que la richesse du voyageur ne soit pas dérobée. (n°29)

6

Un temple en plein centre de Sanary

Même pendant les poses…

Cela faisait trois quatre jours que je ne travaillais plus sur les temples, besoin de repos, cela m'épuisait, léger black-out, c'était vraiment le signe qu'il fallait faire une pause. Les relevés constituent de gros efforts de concentration qui m'épuisent vraiment et j'ai toujours tendance à tirer sur la corde, surtout pour les temples.

Je m'accordais un peu de repos, et ce jeudi j'eus même un double repos d'une obligation journalière, je pus prendre alors un peu de temps pour moi, juste pour moi.

Je mange un morceau à Sanary, dehors comme d'habitude, puis je vais dans un endroit " nature " pour faire le vide et le vent souffle à fond ce jour-là. Le mistral me vire de mon refuge et je retourne en ville, pour d'abord aller papoter avec une connaissance puis je vais à une petite place où j'aime bien aller, en plein sanary. Il y a un banc en plein milieu quasiment, ça fait un peu exposition, tout le monde nous regarde, ou du moins nous remarque, mais j'aime bien ce banc, je m'y sens bien. Je m'y assois donc, je m'y détends puis je me dis que peut-être je suis également sur une muraille que je n'aurais pas répertoriée vu que je m'y sens bien. Je sais qu'il y en a une à trente mètres devant moi pour l'avoir relevée précédemment et une derrière à peu près à la même distance. Donc je suis entre deux routes sécurisées. Puis je regarde la place de gauche à droite, toujours assis, immobile. Et là bingo…

La place est à peu près à la dimension d'un temple de vingt par cinquante mètres. C'est un endroit de passage donc le taux est très faible. Je délimite visuellement l'entrée au début de la place, j'en déduis que je suis à côté de la statue, je me concentre et je vois un homme tuant un monstre marin avec une épée ou lance, le monstre est sous lui, il le terrasse de tout son appui sur son arme. Je me lève pour délimiter le temple et cela matche totalement, vingt mètres par cinquante vérifiés, péristyle comme les autres, je suppose, un crépis qui dépasse d' un mètre cinquante de chaque côté. Je tape sur internet et après avoir éliminé Persée tuant Céto puisque Céto est traditionnellement représenté avec un grand cou que je n'ai pas retrouvé sur la statue, mais cela ne tient pas à grand-chose je vous l'accorde, je choisis Héraclès tuant Scilla, un monstre marin qui terrifiait les marins. (et en fait c'est Persée tuant Céto, vu avec mon système de vérification). Maintenant la question que je me pose est la suivante : combien de places de ville initialement sur des comptoirs grecs massaliotes sont des anciens sites de temple grec ? À savoir que même sur des places de Toulon j'en ai trouvé d'autres par la suite (place pierre Puget , temple dédié à Gaïa).

Une peur vérifiée

Préparant la promotion de mon livre, j'ai rencontré un historien amateur à qui j'ai raconté une partie de mon travail et j'ai pu malheureusement vérifier une peur que j'avais. Le sanctuaire de temples fait fuir tous les entendements. Il y a quelqu'un aussi, qui est renseigné de mon travail régulièrement dont je n'ai plus de nouvelles depuis la trouvaille du sanctuaire de temple et je pense que cela l'a fait fuir aussi. Il ne figure dans aucun texte. Enfin pour moi c'est clair encore, cela est dû à l'effacement romain, mais bon, pour ne pas me laisser abattre, pareillement en retouche photo quand on ne peut pas enlever un défaut, on le met en valeur pour le faire paraître normal, je décidais de donner un nom au sanctuaire : le sanctuaire des mille colonnes.

Un temple sur le modèle d'Héphaïstos c'est trente-quatre colonnes, si les 20x50 mètres répondaient à la même configuration que ce dernier comme je le suppose, en en ayant trouvé vingt-cinq environ, et il devaient y en avoir encore autant si ce n'est plus, puisque je n'avais pas fini, soit presque mille colonnes, mais finalement je ne vois pas d'intérêt de nommer ce sanctuaire ainsi, car cela s'avère trop simpliste et réducteur, surtout que par la suite je vais avoir accès à d'autres informations plus qu'importantes et qui modifieront mon point de vue, je penserai que, du coup, ce sanctuaire était l'œuvre d'une communauté grecque bien à part, j'ignore encore laquelle, qui avait décidé de venir s'installer ici, soit de se greffer à Tauroeïs.

7

Trois nouveau grand temple à Portissol

Le temple d'Athéna (n°17) était trop avancé vers la mer par rapport au premier temple de la colonne des sept, soit celui de Bellérophon montant Pégase (n°20), il restait entre ce dernier et la muraille qui délimitait le début de la partie ouest du sanctuaire et non plus du bastion de Portissol, largement un espace pour y mettre un temple. Je partais donc vérifier cette théorie et je trouvais trois nouveaux temples de 20x50 mètres. L'un d'eux était parallèle à celui de Bellérophon ce qui en faisait du coup le premier de la colonne et que cette dernière passait de sept temples à huit. Un autre dans la continuité de sa longueur, et un autre encore plus haut, perpendiculaire aux deux premiers pour celui-là. Ils étaient sur une zone de passage ce qui faisait que leur taux était vraiment faible et par conséquence je ne les avais pas ressentis auparavant .

Le premier temple (n°18) est un monstre marin qui est dompté et monté par un homme, mais qui ? Je n'ai pas trouvé tout de suite mais je pense qu'il s'agit de Poséidon montant Céto. Le long cou qui se dressait devant l'homme l'a trahi, car il est représenté ainsi sur certains vases antiques. Poséidon contrôle Céto et il l'envoie pour aller dévorer la princesse Andromède en représailles, du fait que sa mère Cassiopée ait déclaré que sa fille était plus belle qu'une Néréide dont Amphitrite fait partie. C'est dans le mythe de Persée. Donc un temple pour demander à Poséidon de ne pas envoyer Céto pour punir des hommes et amener le malheur, naufrage, etc, ou de l'envoyer sur des ennemis etc.

Le deuxième temple (n°19) dans sa longueur, on sent de l'or, beaucoup d'or, j'ai pensé à la toison d'or, je tape sur internet en pensant à Jason. Je tombe sur Chrysomallos, bélier enfanté par Poséidon, le bélier à la toison d'or. " talisman solaire pour obtenir des fortunes et le statut de héros (source wikipedia). Là évidemment, on voit tout de suite le centre d'intérêt.

Il y avait un troisième temple perpendiculaire à ces deux-là qui venait fermer le sanctuaire je pensais devant la route sécurisée de deux murailles successives qui fonçait vers la batterie de la Cride. Je n'ai à ce jour pas pu accéder à la zone de la statue étant en zone privée et non visible.

8

La rangée de temple fonçant vers le haut de la colline / Le grand temple

(sanctuaire supérieur absent du plan, en cours d'étude)

Côté gauche à la première rangée de temples que j'avais trouvé, soit ayant la plage de Portissol dans le dos, se trouvaient encore quelques temples.

Puis comme le terrain plat trahissait la présence de temples comme souvent et que toute zone du genre du quartier de Portissol devenait ainsi suspecte, je décidais d'aller y prospecter évidemment. Il y avait à droite de la route sécurisée, ayant le port de Sanary dans le dos cette fois-ci, un grand espace bien plat. Pour la première fois j'avais vraiment peur d'y trouver également des temples sachant que plus je trouvais des temples maintenant, et déjà depuis longtemps pour mes détracteurs qui à ce stade de mon aventure et de mes recherches n'en avait aucune connaissance, plus j'enterrais moi-même mon projet de convaincre des consciences afin d'élucider scientifiquement le phénomène de résiduel de piézo-électricité.

La rangée de temples que j'y trouvis fonçait vers le point culminant au nord, soit une colline et elle était double, soit deux colonnes parallèles de temples se fesant façe en leurs entrées. Il me vient alors une théorie. Le grand temple de Tauroeïs cité dans les textes antiques et que je pensais avoir trouvés sur le point culminant de l'île des Embiez, soit à la pointe du Cougoussa, ne tenait plus debout. Un grand temple qui aurait été mis en avant, remarqué et cité par un auteur antique et qui aurait la même taille que la grande majorité des temples du sanctuaire que j'avais trouvé. Cela faisait un peu léger pour le coup pour "le grand temple de Tauroeïs".

Or j'avais commencé à trouver d'autres temples isolés du sanctuaire, des 20x50 mètres, sur des places publiques, à Six Fours comme à Bandol et également Toulon, ce qui répondait à ma théorie que certaines places de nos villes actuelles pouvaient potentiellement être des anciens sites de temples grecs. Commençant à flairer ce type de phénomène, il y avait un endroit, assez étendu (en regardant sur la carte je délimitais un espace de 140m de longueur) qui pouvait répondre au critère de recevoir des temples ou autres. Il était sur un point culminant et la dernière rangée de double colonne de temples que je venais de trouver lui fonçait droit dessus. Cela faisait quelque temps que je pensais qu'il devait y avoir quelque chose à cet endroit-là, j'avais déjà ressenti des choses fortes, qui étaient en fait du champ électromagnétique en trois dimensions.

Et donc il me vint la folle idée : ne serait-ce pas l'emplacement du véritable grand temple de Tauroeïs ? Les cent quarante mètres de long offraient la possibilité d'y mettre un très grand temple. Quand j'arrivais sur place pour vérifier et que je commençais à délimiter ces côtes avec le champ électromagnétique résiduel en trois dimensions, car il est pour celui là, complètement en zone privée, il me vient pour la première fois des larmes à l'œil tellement l'émotion était forte. Vous imaginez, un temple de cette taille à Sanary. De ce que j'ai trouvé, cela pourrait bel et bien être un temple similaire au temple d'Artèmis d'Éphèse, soit de 70x137 mètres crépis compris, mais sa structure m'échappe. Il pourrait s'agir d'un temple en forme de T, comme on en a déjà trouvé sur d'anciennes colonies grecques.

Mais une chose est sûre c'est qu'il enterre, avec la nouvelle rangée de temples et quelques autres nouveaux temples j'ai trouvé à côté, soit qu'on est maintenant au nombre d'une quarantaine de temples environ, la possibilité de réveiller des consciences qui m'aideront à l'élucidation du résiduel de piézoélectrique… (raison pour laquelle donc j'ai fait 2 livres)

C'est dur de trouver des éléments qui enterrent votre projet. Généralement quand on fait des trouvailles, on a une logique d'ascension, là je coulais avec mes temples. J'étais même overdosé de temples, je n'avais même plus envie d'aller trouver les divinités auquel ils étaient dédiés sachant qu'à chaque trouvaille de plus, je donnais plus de plomb à mon projet. Qui allait me croire ? Même moi j'étais dans une impasse. Ce sanctuaire n'existe dans aucun texte et il n'y a aucune trace de son équivalent dans l'antiquité même en Grèce.

Moi qui voulais finir mon premier livre sur le grand temple de Tauroeïs des Embiez en trouvant sa divinité, je vais finir en gros mis en orbite sur la comète avec mon projet. Je ne peux pas me ranger du côté de la faille psychologique comme certains abrutis le feront (le psychologique étant ce que j'appelle "la poubelle des ignorants" dans certains cas), en pensant que j'aurais déraillé, car il y a trop de personnes passées au test de "ressenti du résiduel de piézo-électrique" qui l'ont ressenti également, et que c'est quand même la base de mon travail depuis le début, mais alors cela veut dire quoi ? Cela veut dire que quand le résiduel de piézo-électrique, s'il s'agit bien de ce phénomène, va être révélé, on va se prendre la claque du siècle, une partie de l'Antiquité en pleine poire.

Finalement une deuxième visite du nouveau grand temple de Tauroeïs, plus élaborée, soit avec le rendu sur plan du premier relevé, me permit d'établir qu'il s'agissait possiblement d'un temple comme le modèle de celui d'Artémis d'Éphèse, car les côtes relevées pouvaient y correspondre, soit sans le crépis, la dimension du temple au limite du péristyle se positionne sur 50x110 mètres. Le crépis à plat ne pouvant être mesuré étant sur zone privée. Je pus même trouver avec chance l'endroit de la statue et établir à qui il était dédié. Je pense qu'il était dédié à Athéna sur son char ce qui pourrait signifier que les Massaliotes voulaient montrer qu'ils avaient fait plus grand qu'à 'Athènes pour cette dernière, mais n'ayant pas pu monter au fort de Six-Fours, qui est également un point culminant (comme il est dit dans les textes : le grand temple se situe sur le point culminant), on pourrait aussi dire qu'éventuellement que le grand temple qui avait été cité pouvait être là. Il va falloir statuer sur les données recueillies dans le futur. Or sur la pointe du fort de six fours, s'il y en avait un, c'est une zone militaire inaccessible, j'ignore de par l'absence de relevé si le site comportait un temple ou un grand temple.

Cependant vu le positionnement en final du grand temple dernièrement trouvé, de la double colonne de temples fonçant sur ce dernier et son implantation dans le grand sanctuaire, tout porte à croire qu'il s'agit bel et bien, enfin, du grand temple de Tauroeïs.

9

Le petit sanctuaire de Bandol

Puis je retournais à Bandol pour faire les relevés précis d'un temple que j'avais encore trouvé sur une place publique. Et sur le chemin pour y mener, sur la route plutôt, juste avant ce dernier, je trouvais encore un autre temple. Bon deux temples isolés ça va encore. Il y avait un espace plat en dessous ou il devait y avoir encore un troisième temple, mais inaccessible pour celui-ci, car il se situait entièrement sur une zone privée. Je pris les relevés du premier, un 20x50 mètres encore, tout va bien jusqu'ici, la statue est en plein milieu de la route, du coup les fréquences sont moindres. Je pensais alors qu'il s'agissait d'un temple dédié à Héraclès, or avec ma nouvelle technique trouvée récemment qui me permet d'effectuer des test de vérification, je valide finalement Arès, dieu de la guerre.

Puis je monte au-dessus pour relever le premier découvert lors de cette visite. Je travaille directement maintenant parfois avec géoportail et l'outil de mesure sur place. Je trouve le début du temple et anodinement je marche pour en trouver la fin. J'arrive à son autre extrémité et je trouve que cela fait un peu loin pour celui-là. Je reporte mon relevé sur géoportail : soixante-dix mètres…soixante dix mètres de long. Soit un temple de la dimension du Parthénon. Moi un 20x50 mètres ça m'aurait suffi : Non un octostyle. Je ne trouvais pas la largeur précisément puisque la zone limite de trente mètres de largeur était en zone privée. Mais bon j'avais compris de quoi il s'agissait, soixante dix mètres de long c'était clair. Je trouvais l'endroit de la statue exactement où elle devait être, massive, un homme sur un char : Poséidon sur son char, tiré par des dauphins.

10

Réflexion d'ensemble

Un sanctuaire de cette taille, soit celui de sanary, qui n'apparaît dans aucun texte antique, fait de son existence un réalité difficilement envisageable. Je pense que cela vient encore de la volonté d'effacement de la grandeur des Grecs par les Romains. Et là, il n'y a pas seulement César, mais je pense que Rome en a pris la suite. Ce n'est pas à moi d'en tirer les conclusions hâtives mais une fois que la cartographie de Tauroeïs et de son sanctuaire sera révélée scientifiquement par l'élucidation du r.d.p.e, cela offrira un nouveau regard sur les textes antiques. L'Empire romain a perduré pendant 400 ans après la chute de Tauroeïs, soit largement le temps de laisser seulement les textes qui leur convenait et de procéder à un effacement des informations qu'ils jugeaient bonnes d'enlever. Par exemple au sujet du grand temple de Tauroeïs, cité comme " se trouve sur le point culminant". Comment l'auteur a-t-il pu ignorer le sanctuaire ? Il n'avait peut-être tout simplement pas le droit d'en parler ou de l'évoquer. Ce grand nombre de temples, cela devait être magnifique c'est sûr, d'ailleurs j'ai hâte d'en voir une reconstitution en 3D, mais honnêtement quel fouillis. Sachant que les Romains ont repris une partie de la mythologie grecque tout en renommant quelques divinités, on comprend facilement qu'il devenait vraiment nécessaire de passer à un dieu unique afin de n'avoir qu'un lieu de culte et de prière. C'est ce à quoi la religion chrétienne répondra, il n'y aura plus qu'un seul temple : l'église, dont je trouve beaucoup d'anciens édifices grecs d'ailleurs, pratiquement à chaque fois, sur les sites de Chapelles, d'églises, etc.

J'ai évidemment conscience que mon récit va peut-être rester en orbite de l'entendement commun possiblement pendant un bon moment. Tout dépendra de l'élucidation du r.p.d.e qui ouvrira une nouvelle ère de vision directe avec l'archéologie et l'histoire. Pour les échos temporels, je n'exclus pas à l'avenir de travailler avec des équipes spécialisées dans le paranormal et vu l'évolution des technologies actuelles, peut être dans 300 ans ont dira : l'écho temporel de la bataille navale de Tauroentum, un classique… une banalité. Soit, rendez-vous dans le futur pour révéler le passé, première possible étape : l'élucidation du r.d.p.e.

_Les 4 temples que j'ai trouvés à Bandol sont en dehors de la zone fortifiée que j'avais délimitée comme étant la ville et qui du coup ne pouvait être qu'un bastion militaire également. Cela ouvre, comme je le pensais déjà, la possibilité que l'implantation grecque s'étendait bien plus loin que Bandol et rentrait dans les terres par exemple jusqu'à La Cadière d'Azur.

_Ensuite pour le sanctuaire dans sa partie basse à savoir dans le quartier de Portissol, clôturé par la route sécurisée qui part vers la Cride, l'élucidation du sanctuaire me pose un problème. Là où je pensais que la jonction du bastion militaire et des routes sécurisées se faisait, se trouve en fait le carré de temple, en haut de la rangée. Je pense plus à un système beaucoup plus sécurisé que je trouverais peut-être plus tard.

_Pour les quatre temples de Bandol, soit le 30x70 dédié à Poséidon, le 20x50 dédié à Arès, et les deux autres à côtés sur zone privée, j'avais vraiment pensé que tous les entendements me quitteraient à ce moment-là : un temple de la taille du Parthénon à Bandol... Puis j'ai trouvé trois grands bâtiments à utilisation administrative ou autre de 50x 100 mètres à Sanary dans la partie haute du sanctuaire. La partie basse accessible par le port de Portissol était possiblement plus pour les navigateurs, marchands, voyageurs. Ces trois bâtiments note d'une structure autour des temples qui rendent plus plausible pour moi l'ensemble des temples que j'ai trouvés. Une université ?(l'université a été inventée par Socrates) Un centre théologique? Formation des prêtres ? Un lieu de gestion des zones cultivées environnantes, soit administratives ? Peut-être même un centre de soins car à côté de l'un d'entre eux se trouve un 40x90 mètres, encore, dédié à Héra, protectrice de la naissance et des nouveaux-nés, sa statue y est érigée sous ce trait, j'y travaille actuellement. À ce sujet les deux zones que j'avais délimitées comme zone de travail sont peut être plus les zones d'habitation des esclaves, les zones de culture étant entre les routes sécurisées, les remparts de quatre mètres de large de chaque côté qui constitue la route sécurisée permettant d'y mettre des gardes vigie surveillant le travail des esclaves.

11

L'Acropole du castellet

Je devais rencontrer quelqu'un au Castellet pour commencer à travailler sur une prévisualisation 3D du sanctuaire de Sanary. Ayant pris rendez-vous j'arrive au premier parking du Castellet et étant habitué à suspecter tout terrain quasiment plat pour l'implantation des temples, je regarde ce dernier avec intérêt, mais bon sachant que j'en ai déjà trouvé une grande quantité et que là on se situe au Castellet, soit bien loin de Tauroeïs où de Sanary et de Bandol, je me dis qu'il est préférable que je passe ma route, pensant que l'entendement commun des archéologues que j'avais rencontrés pouvait être déjà en état d'overdose depuis longtemps de ce que j'avançais. Donc je me dirige droit vers le Castellet directement après avoir garé ma voiture au début du parking, celui qui se situe en arrivant, soit le premier en bas du Castellet. Je commence à monter la route à pied et là j'aperçois un pan de roche calcaire qui me semble avoir été taillé il y a très longtemps et je me dis que cela devient de plus en plus suspect. Puis quand je le dépasse, arrivé au niveau ou s'il avait continué sur la route, je serai dessus, je sens un champ électromagnétique résiduel de deux mètres de large, soit le premier rempart d'enceinte : c'était reparti. Je continue le rempart pour me rendre compte qu'il entoure le Castellet. Nous sommes en présence d'une place haute fortifiée, soit la définition même d'une Acropole. Je reconnais là bien le champ électromagnétique résiduel grec. J'effectue mon rendez vous et en repartant je me dis bon on va voir ce parking quand même : je commence à quadriller la zone. Une construction que je pense être une fontaine ou une Tholos de 10x10 mètres apparaît, le champ électromagnétique est puissant, ce qui pourrait indiquer qu'il a été confronté à de l'eau, soit donc peut-être plus une fontaine. Puis je continue pour trouver un champ électromagnétique résiduel de 20 mètres de large en continu… soit la largeur d'un temple que je commence à bien connaître pour en avoir trouvé une quarantaine au moins. Je confirme avec la longueur de 50 mètres et directement je cherche la statue à 35 mètres de l'entrée donc : Méduse. Encore une fois ça colle, nous sommes peut-être aux limites de la bande côtière grecque face aux Ligures et pour effrayer, ces derniers mettent en frontière leurs monstres fabuleux. Méduse a aussi une fonction protectrice pour les Grecs. Il était tard, la nuit tombait, je décidais de revenir une autre fois.

À la maison, je reporte mes relevés de temple et je découvre que la fontaine, si c'en est une, est placée parfaitement symétriquement au temple et semble suggérer de par sa position centrale qu'il y a un autre temple à côté parallèle à celui de Méduse. Lors de ma visite suivante, je trouvais effectivement le deuxième temple, de 20x50 également, parallèle au premier, comme je l'avais supposé. Je regarde vers la statue et je vois un enfant sur un char : aïe. Bon j'étais un peu perdu il faut dire, une nouvelle fois. Je tape sans grand espoir " enfant sur un char mythologie grecque" dans un moteur de recherche d'internet : Phaéton. Phaéton fils d'Hélios le dieu du soleil dont on ne connaît qu'un seul mythe à son sujet : le fait d'avoir volé le char de son père et par conséquent d'avoir accidentellement embrasé dans sa course la terre et le ciel. Une fois de plus cela concordait : si les Grec étaient au Castellet, il était évident qu'ils avaient cultivé toutes les terres qui se trouvaient aux alentours.

En regardant les vignes, je me doutais depuis longtemps que tous les terrains cultivés du Castellet à La Ciotat étaient des anciens sites de culture grecque, c'était logique de par ce que j'avais trouvé et ça répondait à la bande côtière colonisée par les Grecs. Un temple dédié à Phaéton pouvait signifier la volonté de lui demander un bon ensoleillement pour les cultures et également l'absence d'incendie.

Je continuais dans le Castellet pour délimiter l'enceinte de l'Acropole et vérifier évidemment s'il n'y avait pas d'autres temples. La place de la mairie était évidemment plus que suspecte. Je trouvais d'abord, en y montant, d'autres édifices qui pourraient être des temples, mais qui ne répondaient pas aux normes que j'avais trouvées jusqu'à maintenant. J'ignore encore aujourd'hui de quel type de construction pouvait-il s'agir. Le manque de place sur le Castellet pouvait entraîner des édifices plus réduits.

Arrivé à la place de la mairie, soit au sommet du Castellet, je trouvais effectivement un temple de 20x50 mètres placé en plein dessus, royalement, en place la plus haute, ce qui commençait à devenir récurrent dans mes trouvailles de temple. Je cherche l'endroit de la statue et je trouve Aphrodite avec une jarre d'où sort de l'eau. Je regarde immédiatement ses différents attributs sachant que je pourrais y trouver l'explication de sa présence ici : Aphrodite gardienne des jardins. Raison de la construction d'un temple lui étant dédié en ce lieu résolu.

Il y a un autre temple en zone privée non loin des deux hexastyles parallèles sur le parking qui est en biais par rapport a eux, que je n'ai pas élucidé, c'est dans une propriété avec une villa. Le chemin est privé, à pied je ne sais même pas si je risque une attaque de canidé, mais j'essaierai un jour.

Voilà pour le Castellet, étonnamment, je n'ai pas trouvé grand masse de champ électromagnétique résiduel dans l'enceinte de l'Acropole, soit trois édifices donc plus le temple. Le reste devait être des habitations dont je n'ai aucun résiduel électromagnétique.

12

L'Acropole de La Cadière d'Azur

Fort de cette réalité que les Grecs fortifient facilement les places hautes pour y faire une Acropole je suspectais évidemment La Cadière d'Azur, qui se trouve en face du Castellet.

Je m'y rendis avec une forte suspicion pour la place principale où j'avais un souvenir de ressenti particulier. Je me mis en état d'écoute, d'hypersensibilité comme d'habitude, en voiture cette fois-ci, et je commençais mon approche. Et encore une fois je trouvais une enceinte défensive faite de remparts au champ électromagnétique résiduel, soit une autre Acropole. Je vais sur la place principale et je confirme un temple, possiblement un octostyle… Un octostyle à la Cadière : stupéfiant. Je le délimite et il y a une côte qui fait 90 mètres de long, mais la position de la statue ramène à plus de sagesse soit un octostyle de 30x70 mètres. Peut-être qu'il y avait une place, avancée, ou un crépis plus long. La statue est en plein dans un immeuble à mon plus grand désespoir et je ne sais pas d'où c'est sorti, de ma grande frustration certainement, j'utilise pour ce cas uniquement les fréquences résiduelles et je vois un homme tuant une bête avec beaucoup de serpents au sol. Je regarde sur internet : Héraclès tuant l'hydre de Lerne, soit l'un des douze travaux de ce dernier. Ce temple m'a mis sur un nuage pendant deux jours, surtout qu'une partie de mes ancêtres sont originaires de La Cadière d'Azur. Un des douze travaux d'Héraclès dans un temple, où sont les autres !!!?

Je me précipitais sur le haut de La Cadière et je ne sais pas ce qui m'a amené à cet endroit, croyant au début que je m'étais trompé, je tombe sur un petit parking et je vois un aplat suspect évidemment juste avant la falaise. Je sors de la voiture et je commence ma prospection : encore un 20x50 mètres. J'en avais presque marre de trouver des temples surtout qu'ils m'éloignent de tout entendement finalement, difficile d'être un précurseur, du moins bien seul.

Je regarde l'endroit de la statue, et je vois un homme qui joue de la lyre. Je regarde sur internet : Apollon dieu de la musique et des arts. Tant pis pour les douze travaux d'Héraclès. Il y avait une zone encore plate qui partait le long de la crête, également suspecte, mais je venais de trouver un sanctuaire à l'île des Embiez et je me disais que trouver encore un sanctuaire me placerait en orbite encore de tout entendement, définitivement. Je décidais de ne pas aller prospecter donc pour cette fois-ci. Évidemment je suis revenu quelque temps plus tard, profitant d'un passage dans le coin. Et donc après le temple d'Apollon il y a un 30x70 mètres encore, mais toujours pas dédié à l'un des douze travaux d'Héraclès, mais à Chiron. Un Centaure jouant de l'Aulos, un instrument à vent qui a l'apparence d'une double flûte mais qui n'en ai pas une. Juste après un autre 20x50 mètres avec une femme assise jouant de la lyre, une étrange forme à sa droite. Il pourrait s'agir d'Euterpe, la compagne d'Apollon, mais je pense qu'il s'agit d'Eurydice jouant de la lyre d'Orphée au fond des enfers (vérifié). La statue est empreinte de mélancolie et on sent que les visiteurs y ressentaient une certaine compassion.

Donc ce qui fait trois temples dédiés à des divinités liées à la musique sur cette crête à La Cadière qui est frappée par le vent. On peut évidemment comprendre que leur emplacement n'était pas choisi par hasard. Il devait y avoir des suspensions sonores qui génèraient des sons aux caresses du vent, et peut-être des croyances qui s'envolaient avec ce dernier. Je n'ai pas continué pour savoir s'il y avait d'autres temples, déjà parce que pour le prochain temple, une villa se trouvait exactement sur l'emplacement, mais je pense évidemment qu'il y en a d'autres. Les zones plates suspectes y sont nombreuses.

C'est vraiment mon plus gros problème depuis le début, je trouve trop d'édifices, tant mieux pour le moment ou les caméras permettant de visualiser le champ électromagnétique résiduel seront crées, mais comme ce n'est pas encore le cas, ce n'est pas évident. Surtout que j'avais encore trouvé un sanctuaire dont je vais vous faire part maintenant.

13

Le sanctuaire des îles des Embiez

Comme je l'annonçais dans mon premier livre, j'avais décidé de finir ce dernier en allant chercher la divinité du temple de la pointe du Cougoussa, étant devenu plus expérimenté pour l'élucidation des divinités.

C'est à cette occasion que j'ai fait des vidéos sur la position des fortifications sur l'île, du moins leur pourtour accessible à pied et ce fut à ce moment que j'ai trouvé en direct, en enregistrant la vidéo, le sanctuaire de temples. En fait, il y a un an et demi quand j'avais commencé mes relevés sur l'île, j'avais pris ce dernier pour la continuité du dédale qui le précède. Je n'étais pas expérimenté de la démesure du sanctuaire de Sanary et je n'aurais jamais osé en déduire qu'il y avait ici un sanctuaire de temples. Les mesures de douze mètres de large des relevés m'avaient fait penser qu'il pouvait s'agir d'édifice, de remparts de la forteresse, suivi d'autres fortifications, soit des remparts de douze mètres de large a chaque fois, tous les trente mètres. Ce que je qualifiais dans mon premier tome comme une énigme à part entière. C'est malheureusement ce rapprochement avec la largeur de douze mètres des ceinturons de la grande muraille défensive est qui m'avait induit en erreur.

Sur l'île, je passe la première partie du dédale donc ou il y a cette magnifique muraille d'un mètre de large, la seule que j'ai trouvé de cette taille jusqu'à aujourd'hui, celle-là, elle ne fait peur à personne et j'arrive à ce que je pouvais considérer comme le début des hostilités, un premier champ électromagnétique ininterrompu de vingt mètres de large, et là donc je m'interroge : ne s'agirait-il pas d'un temple ? La surface est plate, je cherche une fin de champ électromagnétique résiduel pour rapidement évaluer une position de statue et bingo. C'était le deuxième temple en fait, le premier un peu avant n'avait fait que de commencer à éveiller mes soupçons. Je scrute la statue : un homme et une femme sur un char, je pense immédiatement à Poséidon sur son char accompagné d'Amphitrite (vérifié) . Ce temple de 20x50 mètres est précédé d'un temple in antis de 10x30 mètres dédié à Méduse qui est représenté dans une posture où elle semble en difficulté, apeurée, effrayée, semblant faire un pas en arrière. Or qui Méduse peut-elle craindre ? Personne à par Persée et encore elle ne le sait pas encore ou alors c'est son propre reflet qu'elle découvre après sa transformation. Or toutes les petites sections de douze mètres de large et les autres temples de 20x50 mètres que j'ai trouvés le long de ce sanctuaire tournent autour du mythe de Persée. Le troisième temple du sanctuaire, soit passé le premier de Méduse et le deuxième de Poséidon, est dédié à une divinité dont j'ai immédiatement pensé à Diane d'Éphèse soit Artémis et avec mon dernier test de vérification il s'agit bel et bien d'elle. Il n'est pas impossible que tous les temples depuis le premier soient dédiés uniquement au mythe de Persée de par le fait que le premier commence par Méduse. Je devrais par le futur élucider tout cela moi-même car les caméras permettant la visualisation des champs électromagnétiques n'existent pas encore. Le quatrième temple et c'est là que j'ai compris que j'entrais dans un chemin processionnel de temple, c'est Hadès accompagné de Cerbère, son chien à trois têtes, gardien des enfers. C'est l'ancêtre du chemin de croix chrétien, soit le chemin processionnel antique, avec le même principe aux premières stations : on commence par vous faire peur. La condamnation à mort de Jésus pour le chemin de croix et là, c'est Hadès, roi des enfers. Soit le quatrième temple. Le cinquième est un 10x30 et c'est là que ça commence à être vraiment difficile pour l'élucidation des statues, car on est en plein mythe de Persée et dans la mythologie grecque, il y a trois versions différentes…

Donc ce n'est pas évident, mais cela comporte l'avantage que quand les caméras seront créées, on aura une vision globale du mythe de Persée tel que le voyaient les Grecs massaliotes.

La statue du cinquième temple est une femme qui semble enfermée. J'en ai déduit qu'il pouvait s'agir de Danaé, la mère de Persée, enfermée par le roi Acrisios, son père, après qu'on lui ait prédit qu'elle engendrerait un fils qui le tuerait.

Le sixième temple qui suit le chemin processionnel est un 20x50 mètres dédié à Poséidon, pour cette fois c'est sûr, il est représenté sur un rocher avec son trident tendu vers le bas, fermant l'entrée d'une grotte ou se tient un monstre marin, certainement Céto, alors que dans le mythe de Persée tel qu'il nous l'est conté dans des représentations cinématographiques récentes, il s'agit du Kraken, or ce dernier est issu de la mythologie scandinave.

Le septième temple est un 10x30 avec en statue une femme sur un rocher. À partir de maintenant d'ailleurs, tous les temples qui suivent sont des 10x30. J'ai pensé qu'il pouvait s'agir d'Andromède attendant son sort. Sa mère ayant affirmé qu'elle était plus belle qu'une néréide dont Amphitrite, la femme de Poséidon fait partie, Poséidon l'a condamnée pour cette faute, à ce qu'Andromède soit dévorée par Céto, toujours dans le mythe de Persée.

La statue du huitième temple est un être, mi-homme mi-monstre. J'ai évidemment pensé à Acrisios transformé par Zeus. Suite à de l'enfantement de Danaé par Zeus qui amena à la naissance de Persée, Acrisios les mis tous les deux dans une malle et les jeta à la mer, à la dérive, car les oracle lui avaient prédit qu'il serait tué par son petit fils. Zeus le transforma alors, pour le punir.

La statue du neuvième temple est la statue d'un homme qui reçoit quelque chose de lumineux. Je pense que c'est Persée évidemment, mais je n'ai pas trouvé à ce jour à quel passage du mythe cela pouvait correspondre, aidé par Héra je pense.

La statue du dixième temple représente la mort d'un homme. J'ai pensé à Persée tuant accidentellement son grand-père Acrisios (vérifié) en lançant un disque dans des jeux, comme l'avaient prédit les oracles. Mais ce n'est pas évident, ce sanctuaire me donne vraiment du fil à retordre. Comme ce ne sont pas toujours des divinités, cela rend la tâche plus difficile.

Le onzième temple est lui beaucoup plus simple, il s'agit d'une femme donnant une épée à quelqu'un… Athéna donnant une épée à Persée, c'est dans le mythe également.

Le statue du douzième temple est un homme, plutôt un père, mais le père de qui ? Celui de Persée étant Zeus, j'ai du mal à croire qu'un temple de seulement 10x30 lui soit dédié, en même temps c'est un sanctuaire dédié au mythe de Persée. Finalement avec ma dernière technique il s'agit d'Acrisios représenté sur son trône, soit roi d'Argos.

La statue du treizième temple est dédiée à Athéna Parthénos représentée comme elle l'était à Athènes au Parthénon ou celle trouvée au Varvakéion.

Le quatorzième temple est pour Hadès, mais sur son trône dans une posture de jugement, comme s' il avait perdu.

Puis il y a pour finir le sanctuaire, du moins de ce côté, une petit tholos de 10x10 mètres avec en son centre une statue d'Aphrodite, cette fois-ci sous son trait de déesse de l'amour. Donc c'est une victoire de l'amour dans ce mythe puisque Persée et Andromède s'unissent.

Et là on voit vraiment la différence avec le chemin processionnel chrétien qui lui, finit mal. À l'antiquité le chemin processionnel finit par l'amour, ce qui n'est pas rien et qui dénote déjà de l'ouverture que nous avons perdue avec la chrétienté, ce n'est pas pour faire un procès, mais c'est quand même assez basé sur le péché, la culpabilité. C'est un peu une fermeture quand on voit les choix culturels qu'avaient les Grecs de l'Antiquité.

Il n'est pas impossible, certainement même d'ailleurs, qu'il y ait d'autres temples encore dans ce sanctuaire à l'intérieur de l'île, mais sans autorisation de la part des îles des Embiez, je ne pousserai pas plus mes investigations. Si un jour ils m'autorisent, je quadrillerai l'île de long en large, totalement, c'est certains. Je pense également qu'il y a un 20x50 ou autre sur le sommet du Rouveau, mais pour celui-là il me faudra une autorisation des autorités puisqu'il est interdit d'accès. J'ai pu deviner son champ électromagnétique en trois dimensions.

* je suis retourné aux Embiez (début octobre 2024) pour valider toutes les divinités avec ma nouvelle technique de contrôle, et j'ai un peu dévié de la route pour entrer dans les terres et j'y ai encore trouvé de nouveaux temples comme un 20x50 mètres dédié aux trois gorgones, une tholos de 10x10 dédiée à Persée et Andromède, et encore d'autres temples 10x30, il est loin d'être fini ce sanctuaire. Je dois y retourner pour continuer le travail.

14

Erratum

Ensuite lors de cette ultime visite aux îles (avril 2024), je suis donc monté au temple supposé hexastyle de la pointe du Cougoussa pour vous ramener le nom de la divinité, afin de la mettre en point final de mon premier livre, comme un couronnement de toute ma première phase de recherche et de vous offrir en exclusivité cette information.

J'arrive donc au temple et j'isole la statue immédiatement. Je vois une femme avec une lance à la main droite et comme des Tables de la loi sur la main gauche. Je pense immédiatement à Athéna par rapport à la lance, mais elle n'a pas de casque ni de bouclier. En regardant sur internet, je constate qu'elle est également la déesse de la sagesse. N'y a-t-il pas plus belle fin pour un livre comme le mien que de terminer sur Athéna déesse de la sagesse ? Ce sont donc les derniers mots de mon premier volume "Tauroeïs et non Tauroentum" , Athéna déesse de la sagesse…qui peut rêver mieux?

Et là en même temps que j'écris ce livre, je continue les lectures d'échos temporels tous les soirs pour arracher des informations à l'oubli et vous les ramener dans notre millénaire.

J'avais ressenti dès la première visite au temple qu'ils faisaient des rites funéraires, mais je pensais qu'ils les réalisaient à l'extérieur du temple et non dedans, soit dans la zone d'offrande sur le plan. (voir Tauroeïs et non Tauroentum p 267)

Et récemment avec la récolte des échos temporels de la saison 2024, on va dire de 49 av J.-C, le début des attaques romaines ont commencé début mai, du coup il y a eu des célébrations funéraires au temple, plusieurs mêmes que j'ai relevés dans les échos temporels, et j'en ai déduit que ça ne collait pas. Des rites funéraires au temple d'Athéna déesse de la sagesse, ça commençait à sentir le roussi. Je me replonge dans les textes, il n'y a qu'Athéna qui a une lance pratiquement et je regarde Perséphone évidemment pour les rites funéraires. Je fus soulagé de voir dans un premier temps qu'elle n'avait pas de lance par contre la statue du temple du Cougoussa à la même posture que certaines des représentations de Perséphone. Ça commençait à devenir de plus en plus louche. Ce que j'avais pris pour des tables de la loi pourrait être des branches symbolisant le printemps, sur une représentation elle est figurée ainsi, soit de plus en plus louche et je continue mes recherches et je trouve une représentation d'Hadès, son mari, avec un long bâton ou un spectre...C'est le spectre d'Hadès qu'elle porte à la main… Fini la fin du livre avec la petite note rayonnante d'Athéna déesse de la sagesse… Non c'est Perséphone déesse des enfers… y vont être content aux Embiez, ils vont certainement m'en vouloir un peu. Pour le coup Paul Ricard qui avait demandé à être exhumé sur les îles est juste à côté : il avait tout compris. Donc il s'agit bien de Perséphone, déesse des enfers et du printemps et si vous en trouvez une représentation avec le bâton d'Hadès je suis preneur. C'est dans ces moments-là que des avis de grands spécialistes de la mythologie grecque m'auraient bien aidé pour me remonter le moral, du genre " nous aussi on se serait planté". Je n'ai trouvé aucune représentation de Perséphone avec le bâton d'Hadès et il a fallu que je fasse les échos temporels plus tard pour me rendre compte de mon erreur. Comme quoi ces derniers s'imbriquent parfaitement dans la complémentarité de mes recherches.

Je me suis fait également bluffer, car cette statue semblait être très aimée des personnes qui venaient s'y recueillir. Donc je n'ai pas vu le coup venir parce que nous aujourd'hui, de notre culture générale, si on nous dit " temple de Perséphone déesse des enfers " on s'enfuit. Or du temps des Grecs pas du tout. Déjà Perséphone est considérée comme une victime, car elle a été enlevée par Hadès, son oncle, et amenée de force aux enfers où elle y passe les 4 ou 6 selon la version, mois d'hiver chaque année pour revenir sur terre à chaque printemps dont elle est la déesse. Elle symbolise la renaissance à la fin de l'hiver, la vie. Et les champs Élysées, qui peuvent être comparés à notre notion de paradis actuel, font partie des domaines qui lui sont attribués. Donc Perséphone ce n'est vraiment pas la vilaine dans l'histoire comme on peut l'imaginer dans un premier temps, et quand les Grecs faisaient les rites funéraires, j'imagine qu'ils devaient lui demander qu'elle accueille leurs défunts aux champs Élysées et qu'elle en prenne soin. J'ai décidé de ne pas modifier cette boulette dans mon premier livre, déjà pour vous rappeler que vous avez acheté un livre d'une recherche en cours sur des éléments non établis actuellement, et pour ne pas endormir votre esprit critique, c'est-à-dire de ne pas prendre tout pour argent comptant et là je sais que je plaide contre ma paroisse, mais il est évident qu'en absence de preuve scientifique, tout mon travail ne sera que consultatif dans un premier temps. Enfin voilà la règle d'or étant de toujours vous faire un avis par vous-même, quand cela est possible bien evidemment.

15

Encore des temples

a/ Temples de Six-Fours

À Six-Fours j'ai également trouvé des temples, pas loin de l'office du tourisme, un supposé octostyle de 30x70 mètres, je n'ai pas osé dire un 40x90 mètres car il y a des côtes qui y font penser mais le rayonnement de piézoélectrique l'entourant et qui pourrait faire de lui un temple de cette taille est plus faible, soit peut être ne s'agit il que du crépis. Il est dédié à Amphitrite. Il y a un autre temple à côté également, plus petit, dédié à Marsyas, un satyre puni par Apollon pour avoir essayé de jouer de la flûte mieux que lui, et d'autres temples encore que je n'ai pas référencé par overdose et par crainte d'être définitivement rangé dans le placard " il voit des temples partout ", mais y en a partout, enfin ce n'est vraiment pas quelque chose de rare chez les Grecs et pour cause, je vous expliquerais cela dans la deuxième partie de ce livre consacré aux récit des échos temporels relevés en cette année 2024.

Quelques autres temples à Six Fours sont également des grands temples. Je ne suis pas allé vérifier s'il s'agissait de bâtiments administratifs comme j'en ai trouvé à Sanary de 50 x 100 mètres, mais il est possible que l'un d'entre eux en soit un. Dans un autre quartier, à ma grande surprise, j'y est également trouvé encore un 40x90 mètres.

b/ Bâtiments administratifs grecs de Sanary

À Sanary donc j'ai trouvé, une fois passée la succession de route sécurisée, trois grands bâtiments administratifs de 50 x 100 mètres, quelques 20x50 mètres encore et un 40x90 également, dédié à Héra sous son trait de protectrice des naissances. Peut-être que l'un des bâtiments à côté était alors un centre de soin, je n'ose pas dire le mot "hôpital" ou centre de naissance. Je ne suis pas retourné travailler dessus, c'est à côté de chez moi pourtant, mais ça fait trop, trop de temples et d'édifices dont il ne reste rien et qui m'enterre une fois de plus.

c/ Les temples du front de mer de Sanary

Après le temple de Poséidon sur notre Dame de Pitié , il y a une tholos (n°12 sur le plan) de 30 x 30 mètres dédié au 12 ou 14 divinités de l'Olympe. Ensuite il y a un temple supposé octostyle de 30x70 mètres (n°13) dédié à Hera, puis un temple de 40x90 mètres (n°14) dédié à Persée tuant Céto (soit encore un temple dédié à cet événement mais surplombant la mer de par sa position cette fois-ci), et un 20x50 mètres dans l'enceinte du bastion militaire de Portissol dont la statue est Héraclès tuant Némée de ses mains.

Également encore sur des routes je trouve des temples comme un 30x70 dédié à Poséidon sur la route de Bandol.

Ces temples-là je ne les ai pas encore référencés dans ce livre, il y en a trop… On va dire possiblement sur toutes les communes j'ai une vingtaine de temple dont je n'ai pas encore élucidé les divinités et certainement une vingtaine encore à trouver dont je soupçonne l'existence comme peut être encore un sanctuaire de temple à La Cadière, le temple du Rouveau, etc : au secours.

J'en ferais peut-être la plupart dans un prochain livre.

Enfin vous pourrez voir les temples de Sanary, du moins la partie inférieure du sanctuaire de temples à la fin de ce livre dans la section plans. (p311)

De par la nature de toutes ces trouvailles, j'ai pris la liberté d'appeler Tauroeïs, la cité de Poséidon et bien que ça puisse tenir la route vu le nombre de temples tournant autour du thème de la mer et de temples lui étant dédié, j'ignore évidemment si les Grecs l'appelaient ainsi. Je n'ai malheureusement aucune information pour l'instant qui pourrait aller dans ce sens. Je me suis aventuré sur ma page Facebook a dire que je pensais que c'était même le choix des Grecs, le taureau étant l'un des trois animaux attribués à Poséidon, sachant que ce dernier avait offert un taureau blanc à Minos pour l'aider à devenir roi de Crète, je m'étais dit que les Grecs plaçaient en Tauroeïs, soit une cité lui étant dédié, l'espoir que Poséidon les aiderait à devenir les maîtres de ces nouvelles terres. Pourquoi pas? En attendant, je n'ai rien pour l'étayer. Enfin si, j'avais quelque chose, mais cela s'est effondré malheureusement. Et oui c'est de la recherche et non du compte rendu définitif.

Voici donc pour cette première partie " temples et sanctuaires" de "Tauroeïs cité de Poséidon" tout en rajoutant encore un petit temple de 10 x 30 mètres trouvé à la pointe de Portissol dédié à Poséidon également, les occupants des navires qui passaient sans s'arrêter pouvaient faire leur prières ou offrandes en passant au loin, un temple dédié à Céto, une divinité marine, Néreide, maitresse des monstres marin, sur la jetée du phare à Sanary, cité dans mon premier livre et dont une vidéo de visite figurera sur ma chaîne YouTube et certainement encore les autres temples que je n'ai pas encore élucidés et qui lui sont peut être encore dédié comme le temple du Rouveau, s'il y en a un comme je le pense.

Nous allons pouvoir maintenant entrer dans la dimension des échos temporels pour en tirer des informations complémentaires qui sont extrêmement importantes pour la compréhension de cette sur-implantation de temple et que je n'ai pas pu aborder ici, n'ayant pas d'élément pour les étayer. Or les échos temporels vont m'amener à de possibles premières investigations et tellement d'autres informations…"gorgeous".

2ÈME PARTIE

LE CRÉPUSCULE DES MASSALIOTES

Pour ceux qui n'ont pas lu le premier volume, à savoir "Tauroeïs et non Tauroentum" où j'amène progressivement ma découverte du phénomène d'écho temporel avec toutes les explications que j'ai pu en fournir, je ne peux pas évidemment tout reprendre dans ce second volume. Je vais cependant essayer de vous résumer le phénomène. Rapidement un écho temporel est une résurgence des fréquences résiduelles. Et oui ça n'aide pas non plus. Donc les fréquences résiduelles c'est quand vous entrez dans une pièce par exemple ou il vient d'y avoir un meurtre ou une dispute, etc. Il reste parfois pour ceux qui ont un minimum de sensibilité, une atmosphère bizarre, ce que je traduis comme étant des fréquences résiduelles d'événements, soit des résidus de fréquences émotionnelles dont une voie scientifique potentielle serait d'affirmer que les électrons gardent la charge émotionnelle des événements. Ensuite par rapport à l'écho temporel, c'est également une de mes trouvailles en plus du résiduel de piézo- électricité, la date anniversaire de l'événement ravive les fréquences résiduelles de ce dernier, soit pour la bataille navale de Tauroentum ou d'autres évènements, si l'on passe sur le lieu géographique juste après ou le jour même, vous avez les fréquences résiduelles qui seront ravivées par la date anniversaire de l'événement. Elles sont plus fortes en intensité et du coup évidemment beaucoup plus facile à lire, et également il y en a plus. Enfin pour expliquer tout cela et pour amener progressivement à une compréhension facile et sensée, j'ai pris un livre entier soit " Tauroeïs et non Tauroentum ", qui est une porte d'entrée de mes prochains volumes, celui-ci compris, soit une façon d'amener le lecteur à la compréhension complète du phénomène et de l'intégralité des données issues de mes recherches. Et dernièrement, depuis la mi-mai à peu près, j'ai fait des relevés d'échos temporels pratiquement tous les soirs pour vous ramener l'histoire antique de ma région. Ils sont moins forts quand il ne s'agit pas d'une bataille, mais comme ils sont neuf, dus à l'écho de la date anniversaire, ils sont facilement lisibles. Ceci étant pour ceux qui n'ont pas lu mon premier volume, mais je vous encourage quand même à le faire sinon quand vous lirez, bastion nord, bastion sud, muraille défensive est, tour fortin, passerelle, etc, vous serez perdu, alors que ce sont des détails qui ont toute leur importance pour la compréhension des récits qui vont suivre, car ils sont issus de la cartographie du site de la forteresse des élites massaliotes de Tauroeïs de mon premier volume. Après réflexion, je vais quand même insérer le plan de la grande muraille défensive de la forteresse des élites de Tauroeïs, soit située au Brusc, que vous pourrez trouver en fin de livre dans la section plans issus de mes recherches (p324). Ce qui vous aidera un peu plus dans la compréhension des informations qui vont suivre, mais rien ne vaudra la lecture de mon premier volume pour être affranchi de toutes mes données recueillies lors de ma première phase de recherches. Et une partie très importante de la fin de mon prochain volume " Tauroeïs, les Thermopyles massaliotes " y figure.

En ce qui concerne ma méthodologie, j'ai dû me résoudre à prendre la suivante. Vu l'effort de concentration que cela représente et l'impossibilité d'être à plusieurs endroits en même temps dans la même journée, j'effectue mes relevés de fréquences résiduelles ravivées par la date anniversaire soit l'écho temporel, à partir de 20h le soir et jusqu'à minuit à peu près, le temps de faire ma ronde sur plusieurs sites. Je récolte ainsi les fréquences résiduelles, prédominantes dans un premier temps, soit celles qui ont laissé le plus de traces dans la journée, soit les plus fortes, puis quand cela est possible géographiquement, j'effectue des lectures précises, soit sur le lieu même de l'évènement ou assez rapproché. J'effectue ainsi un tri radical d'office dès le début, car je ne peux évidemment pas tout recueillir, et cela fonctionne très bien ainsi. Ce sont des règles parmi d'autres que je me suis imposées quand j'ai compris que je pouvais faire des lectures journalières, malheureusement, comme vous le verrez, pas tout de suite mais un petit peu après le début de la saison des échos temporels de la guerre entre César et les Massaliotes.

*Dans mon récit j'ai pris la liberté d'appeler les Massaliotes les Grecs, or généralement on emploie plus l'appellation les Massaliotes uniquement pour les Grecs de la Côte d'Azur du moins affilié à leur capitale Massalia. Ces derniers étant venus de Phocée en Turquie, dans l'Ionie, ils étaient composés à la base d'athéniens et de Grecs de Phocide, la terre sacrée des Grecs.

Recueil des lectures d'échos temporels

du 2 mai au 29 juin

1

Le début de la guerre de César contre les Massaliotes

a/ L'exil des riches familles grecques massaliotes de Tauroeïs / La scission entre les massaliotes : la guerre civile

C'était début mai, le 2 exactement, je m'étais dit que j'allais aller voir au Brusc si les Grecs avaient commencé leur exil comme je l'avais vu, des années auparavant sans savoir de quoi il s'agissait (voir mon livre précédent). On sait que César a fait construire sa flotte pour parer la flotte massaliote à Marseille 30 jours avant la bataille navale de Massalia, soit le 27 juin, donc il a dû arriver à Massalia (Marseille) avec ses légions un peu avant le 27 mai. Je m'étais dit que le départ des Grecs fortunés de Tauroeïs avait dû être juste un peu avant, ayant certainement dû décider leur exil à la date de la déclaration de guerre de César. Et donc je me rends le 2 mai au Brusc juste pour voir un peu où ils en sont. C'est une période très importante, car c'est le retour des échos temporels soit le début de la saison des Massaliotes contre César et j'espérais juste attraper l'exil des Grecs pour pour pouvoir mettre une date dessus et également l'écho temporel de la bataille navale de Massalia, mais là beaucoup plus tard, soit le 27 juin, afin de pouvoir déterminer sa position exacte et la signaler aux autorités compétentes, même si pour l'instant, tout mon travail n'est pas pris en considération.

Voilà c'était tout ce que je demandais, rien d'extraordinaire, et en fin d'été également, de pouvoir fixer le date précise de la chute de la forteresse de Tauroeïs, citée dans mon premier tome, et savoir également ce qu'il était advenu d'Antipolis et de Nikaïa, comme je me le demandais également dans mon premier livre. À savoir est-ce que ces cités avaient été victimes d'une boucle génocidaire comme je le pensais. Attention, on va ré-écrire l'histoire encore, mais vu la nature de mes travaux, ce ne sera que consultatif évidemment. Voici venir donc, à nouveau, la boucle temporelle de la chute des Massaliotes contre César, dans laquelle je vous introduis, et là cette fois-ci, cette année 2024, on va prendre la vague quasiment à son commencement. Attachez-vous bien, on part pour le 2 mai de l'an 49 avant J.C et cela décolle dès le début.

Donc j'arrive au Brusc et c'est déjà le trouble. César n'est pas censé être encore arrivé à Massalia ni avoir donc déclaré la guerre, selon la Pharsale de Lucain, les Massaliotes ayant soit-disant refusé l'entrée à ces légions et non à sa personne, ce qui aurait déclenché la guerre. Or déjà début mai, la cité de Tauroeïs tremble. La cité est perturbée, tous les occupants savent qu'ils sont foutus : César arrive, mais il n'est pas encore à Massalia à cette date, selon Lucain. Beaucoup de Grecs de la cité, dans la partie ville, sont déjà résolus à partir, cela ne fait aucun doute dans leur esprit : fuir, tout abandonner, tout laisser derrière eux, soit une détermination totale. Une paranoïa s'installe dans la cité ou une enveloppe nauséabonde de peur règne, ainsi quelques personnes sont assassinées au niveau des entrepôts, car elles sont suspectées d'être des espions de César, des pro " Populares[6] " peut-être, soit le parti politique de César opposé aux Optimates de Pompée, l'ennemi de César dans les textes.

(or sachant que la guerre civile est entre les Populares et les Optimates, ou César et Pompée, César ne c'est jamais déclaré comme faisant parti des Populares, ce que nous verrons largement dans les échos par la suite, les Populares étant un mouvement qui prônait de meilleure condition de vie pour les esclaves par exemple)

---

[6]Populares et optimates voir biblio.num.

À la porte sud, les soldats hoplites se préparent au combat, ils sont confiants avec leur système de défense décrit dans mon premier livre. Ils ont hâte d'en découdre.

Ensuite, je suis revenu au Brusc seulement le 5 mai soit 3 jours après tellement je pensais que les Grecs seraient partis un peu plus tard, soit dans le milieu du mois. Je reviens donc le 5 mai et là, c'est la stupeur. La cité a déjà été attaquée, non par des Romains, mais par des Grecs!!! : Scission, trahison et guerre civile. L'attaque est arrivée par voie de mer au niveau de la structure massive de défense du port nord de Tauroeïs. Une fois en haut de cette dernière, soit des remparts, la percée est remontée ensuite jusqu'au ceinturon avant celui du mail et côté bastion nord où elle a été stoppée. Puis ils sont remontés côté bastion sud en espérant rallier ce dernier qui n'a pas cédé à leur requête de demande de ralliement. Ils ont alors tous été tués sur place.

Ils semblent qu'ils ont eu du soutien, parfois, auprès de soldats affiliés aux ceinturons qui du coup basculaient avec la fronde. L'attaque avait pour but de tuer le chef de la cité qui était réfugié dans la tour fortin afin de donner les clefs de la ville à César. Les mutins " Populares " espéraient ainsi que César continuerait à les laisser vivre en paix à Tauroeïs, mais sous son joug. Il s'agit vraiment d'un contexte de guerre civile, créé du fait par l'arrivée de César, mais à quelle fin?

Du côté de la ville forteresse de Tauroeïs, soit dans la lagune actuelle, l'exil a déjà eu lieu. Tous les Grecs citadins sont partis, pour la Corse certainement en première étape (ils sont partis au cap plein sud). Vous me direz qu'est-ce qui me permet d'avancer qu'il ne faisait pas que du cabotage comme la succession de comptoir grec le long de la Côte d'Azur le suggère : le temple de Callisto et d'Atlas dans le sanctuaire de Sanary. S'ils faisaient des offrandes avant de partir, au temple de Callisto ou d'Atlas, c'était qu'ils leur demandaient de rendre visibles les constellations pour qu'ils puissent se repérer, et si on utilise ce genre de technique c'est que l'on n'a pas de terre en vue comme repère et qu'on navigue en pleine mer et de nuit de surcroît. (il doit certainement exister d'autres éléments étayant cette théorie)

Ensuite je suis allé à Bandol pour voir ce qu'il en était, pensant que l'attaque pouvait venir de la côte, du moins d'une zone environnante. Et effectivement, elle venait du bastion de Bandol, soit Tauroeïs ouest, où ils se sont d'abord battu entre eux pour faire un premier tri apparemment. Les Grecs sympathisants Populares ont gagné, du moins il est évident qu'ils n'étaient pas forcément des populares, ils ne cherchaient qu'à assurer leur survie, car sur la côte, leur position est plus vulnérable que dans la forteresse. Du coup il est évident qu'ils craignaient plus pour leurs vies et qu'ils avaient plus d'intérêt à se rallier à César que de périr pour la gloire alors que les Grecs de la forteresse du Brusc, des Embiez, bien protégés, y survivraient plus facilement, du moins, c'était ce qu'ils pensaient. Apparemment la crainte de César est exacerbée, ils ne se font aucune illusion sur leur sort à ce sujet.

La scission est venue du sanctuaire de temples de Sanary, de son chef spirituel précisément. Ce dernier voulant, pour préserver la pérennité du sanctuaire et de leur lieu de vie à côté (chemin de Bacchus et aux alentours) éviter la guerre. Sachant que le sanctuaire ne pouvait pas lutter contre un ennemi comme César et ses légions, ils n'auraient eu contre eux, aucune chance. Il a préféré botter en touche dès le début, pensant que s'ils offraient les clés de la ville de Tauroeïs à son passage, en acte de soumission, César les laisserait vivre en paix. Ils sont même allés jusqu'à dire que les mutins ou les félons auraient l'appui des dieux, car ce serait leur volonté. Une fois qu'ils ont réussi à rallier les Grecs de Bandol (Tauroeïs ouest, soit peut être le bastion le plus à l'ouest de Tauroeïs, n'en ayant trouvé aucun autre après à ce jour) à la cause, ces derniers se sont entretués et les pro-Pompée ayant perdu, ils se sont alors réfugiés, fuyards et survivants, dans les collines avoisinantes du bois Maurin à Bandol.

Suite à cette bataille interne pour décider des vainqueurs, les Grecs félons ou sympathisants populares ou opportunistes, se sont organisés pour l'assaut de la forteresse et c'est très intéressant, car de leur stratégie de leur attaque, j'ai pu en déduire certains éléments qui pour moi valent de l'or. D'abord, ils s'en sont pris à l'île du petit Rouveau et pour cette attaque, ils ne se sont pas engouffrés dans le piège du dédale, du fait qu'ils connaissaient son existence et sa construction sans issue, mais ils ont directement investi les hauteurs de l'édifice défensif de l'île avec des grappins ou autres. Je me suis dit, mais pourquoi attaquer le petit Rouveau et ensuite l'édifice défensif massif du port de Tauroeïs qui mène à la grande muraille en position haute et à la tour fortin ? Pourquoi ne pas attaquer directement le port ? Et bien pour pouvoir rentrer d'abord dans la baie évidemment. Ce qui m'a indiqué un élément dont j'avais déjà pris conscience lors de mes premiers relevés, mais que j'avais tué à la naissance parce qu' il était évident qu'à son énumération, on m'aurait dit que j'avais vu trop de péplums. Qu'est-ce qu'un péplum? aurai-je répondu pour ma défense. Et bien entre la pointe de Portissol et le petit Rouveau il y avait une chaîne rendue flottante par des bouées ou autre évidemment, comme dans les

Péplums... Et le mécanisme pour ouvrir la baie de Sanary aux navires était sur le petit Rouveau. Donc sans la prise du Petit Rouveau, pas d'attaque dans la baie ni d'attaque de la forteresse. Le petit Rouveau, soit la petite île rabotée par les Grecs selon moi, des îles des Embiez. Et par la suite, sur d'autres attaques navales des Embiez, je n'ai eu que des confirmations de l'existence de cette chaîne. Et le petit dédale à côté était fait pour avaler l'attaque de tous ceux qui voulaient s'emparer du petit Rouveau afin d'ouvrir l'accès à la baie. Soit la première étape de toutes les attaques navales pour essayer de vaincre Tauroeïs. Les Grecs félons y sont parvenus, peut-être aussi ont-ils bénéficié également de l'aide de soldats de l'intérieur, mais je ne crois pas sauf ceux qui ont basculé pendant l'attaque. Leur technique, connaissant l'édifice défensif massif du port de Tauroeïs et de la grande muraille défensive, est de passer directement à la partie haute des remparts, car ils savent très bien que de la partie basse, soit le sol, la victoire est quasi impossible. Dans un premier temps, ils ont effectué une phase de bombardement, puis une fois la place rendue vide de tout occupant, ils ont escaladé l'édifice à l'aide de grappin afin d'y acheminer des hoplites, j'imagine. La vulnérabilité de la position côtière des Grecs à, je le pense donc, poussé à cette rébellion. Le bastion militaire de Sanary et l'ensemble défensif des forts de vigie ne sont eux pas inquiétés. Tout est prévu pour résister à des assauts massifs, et ce, depuis la conception initiale des édifices fortifiés.

b/ Extension des relevés aux autres comptoirs avoisinants incluant la capitale Massalia / Absence de César à ces portes

À partir de maintenant, je pense qu'il est sage de vous communiquer les relevés d'échos temporels avec les dates précises et de vous les communiquer comme les notes que j'ai prises, à partir du 15 mai, pratiquement journalièrement.

Pour ce 6 mai, j'ai voulu voir ce qu'il en était également à Cytharista (La Ciotat), Carcisis (Cassis) et surtout Massalia (Marseille). Je voulais poser la date précise de l'arrivée de César à Massalia, soit le début du siège, ce qui comportait pour moi une information d'une importance capitale, puisqu'on sait évidemment que cet événement a eu lieu. La bataille navale de Massalia a eu lieu le 27 juin, il est indiqué dans les textes que César a mis trente jours pour construire sa flotte à Arles donc l'arrivée a dû se produire vers le 27 mai. Vu les événements et la scission entre les Grecs, je me suis demandé s'il n'était pas déjà arrivé. Pour ce 6 mai 2024, je décidais donc d'aller à Saint-Cyr Les Lecques, et d'un point de vue légèrement élevé je pouvais voir les fréquences résiduelles des échos temporels de Cytharista, Carcisis et Massalia. J'arrivais donc sur un pic avec une soif profonde de données historiques.

Lecture du 6 mai

<u>À Bandol</u> des femmes pleurent leurs fils ou maris défunts, soit dans la bataille qu'il y a eu à l'intérieur de la ville suivie de l'expédition à la forteresse de Tauroeïs (ce sont des fréquences résiduelles émotionnelles comme toujours), soit ceux, divisés par la scission et ceux qui ne reviendront jamais suite à l'assaut échoué. Pour les pro Pompée qui ont fui dans la colline, dans la nuit, quelques blessés n'ont pas survécu à leurs blessures et le froid de la nuit a flagellé toute cette petite population. Malgré cela, ils restent toujours dans la colline, car cela constitue un meilleur sort que la mort qui les attendrait s'ils retourneraient en ville. Profitant de toutes ces perturbations, quelques esclaves en ont profité pour s'échapper dans les bois, en longeant la côte en direction de l'ouest.

<u>À Cytharista</u> il n'y a pas eu de rébellion. De par leur position proche de la capitale Massalia, ils s'en sentent protégés et en même temps, s'ils se rebellent, ils savent qu'ils seront instantanément écrasés par les troupes de cette dernière. Ceux qui le

voulaient, personnes importantes ou autres, sont partis pour Massalia pour trouver une meilleure sécurité. Des objets de valeur y sont également amenés pour les mettre en lieu sûr.

<u>À Carcisis</u> ils ne sont pas inquiétés plus que ça, car ils considèrent qu'ils n'intéresseront même pas César puisque la cité est toute petite.

<u>À Massalia</u>, des personnes commencent en parcimonie à quitter la ville pour aller se mettre en sécurité dans les campagnes environnantes ou autres qu'ils pensent être plus sûre.

Ce qui veut dire que César n'est toujours pas arrivé devant Massalia, qu'il n'a pas encore déclaré la guerre et que les Grecs fuient déjà. Il n'y a pas de déclaration de guerre suite à son arrivée à Massalia quand les portes de la cité se sont fermées pour lui et ses légions selon Lucain.

Ensuite malheureusement je n'ai pas pris tout de suite en considération l'importance de relever journalièrement les échos temporels et j'avais décidé seulement d'en faire tous les trois, quatre jours, pour être sûr d'attraper l'arrivée de César à Marseille et de pouvoir mettre une date sur cet événement historique. La suite m'a montré que j'aurais dû les faire journalièrement dès le début comme je l'ai fait à partir du 15 mai plus ou moins, ma ronde journalière de lecture d'échos temporels de l'année 49 av. J.-C.

J'en reste moi aussi stupéfait je vous rassure, surtout pour ce qui va suivre.

c/ Passage de Vibullius Rufus (envoyé en Espagne par Pompée) et de ces troupes par voie maritime

lecture du 9 mai (à la maison…)

En fait j'étais donc en l'attente de retourner voir les fréquences résiduelles des échos temporels de Massalia vers le 15 mai et je me suis fait appeler chez moi on va dire, car les troupes ne sont pas passées loin de mon habitation. En fait je pense qu'il devait s'agir de Vibullius Rufus, envoyé en Espagne par Pompée, sans certitude à ce sujet, mais je pense que c'est le plus probable par rapport aux textes antiques soit de la Guerre Civile de César. Des troupes et leurs chefs sont arrivés pour remettre de l'ordre. Ce qui me fait penser que ce n'est pas forcément Nasidius comme historiquement cité, c'est que je n'ai pas vu d'Armada de navires (18 selon les textes). Le chef, Vibullius Rufus, s'il s'agissait bien de lui, a été amené à un centre d'esclave, à Six Fours, aujourd'hui juste après la Reppe, pour qu'il fasse le choix de ses esclaves personnels (nous sommes à l'antiquité et ce n'est que le début).

lecture du 11 mai

C'est à partir de maintenant que pour mes lectures, j'effectue une boucle en voiture d'un bon nombre de kilomètres. Je commence à Sanary, je regarde les Embiez, si besoin j'y vais pour une lecture précise sur place, ensuite je vais à Bandol puis sur point élevé, je scrute La Ciotat, Cassis, Marseille, et en redescendant je fais la Cadière et le Castellet, tout un programme.

L'équilibre est revenu dans la cité de Tauroeïs, à Sanary du moins, la peur a laissé place à la sérénité. Effectivement au Brusc, les troupes romaines, j'imagine de Vibullius Rufus sont bien arrivées et ont rétablie la situation.

Pour bien comprendre le mécanisme de la guerre civile, nous avons les conservateurs, le camp de Pompée soit les Optimates, et les Populares, soit normalement le camp de César. Les Massaliotes s'étant ralliés à Pompée selon les textes. Les galères sont bien dans le port de Tauroeïs, 5 ou 6 à gauche des Grecques quand on regarde du parking de la cale de mise à l'eau. La ville a été réinvestie à 60% de sa contenance dans la lagune actuelle par les nouveaux arrivants et également des Grecs, à savoir que les véritables habitants de la forteresse des élites massaliotes de Tauroeïs sont déjà partis depuis début mai. Un festin a été donné à la tour fortin, avec danseuse, sans aucun débordement sur ces dernières sur le final de la représentation.

À côté de la caserne du bastion nord, quelqu'un a été crucifié (croix en x). Il a été torturé puis passé par les armes. J'ignore de qui il pouvait s'agir, peut-être d'un ancien sympathisant de César, soit un félon de l'attaque précédente.

Au bastion sud, les Grecs et les nouveaux arrivants échangent leur savoir technique au combat. Les Grecs montrent le système mécanique de la porte sud et il doit y avoir un temple avec un dieu commun à côté du bastion sud, car ils vont s'y recueillir ensemble (je soupçonne un temple dédié à Héraclès/Hercule, puisque jusqu'à maintenant c'est ce que je trouve dans les bastions militaires : bastion nord de la ceinture défensive de Tauroeïs, Héraclès avec la peau de Némée sur les épaules, bastion militaire de Portissol, Héraclès tuant Némée de ses mains). C'est l'entente cordiale entre eux.

Au sanctuaire, une vieille prêtresse pense à partir vu le manque d'intérêt pour la mythologie grecque de la part des nouveaux arrivants et la situation qui fait son manque de fréquentation.

À Sanary, le sanctuaire a été repris. Le chef du sanctuaire a été condamné à devenir esclave, son fils a été exécuté pour le punir, et son épouse a été condamnée à devenir esclave également.

Les prêtres et autres de la petite population qui vivaient autour et du sanctuaire affirment pour leur défense qu'ils ont été forcés de suivre l'avis de leur ancien chef, qu'ils n'ont pas eu le choix, afin de ne pas être exécutés. Les Romains se servent un peu dans les temples et quelques richesses sont prises, objet de valeur, etc.

À un endroit du chemin de Bacchus à Sanary, il y avait un petit amphithéâtre où étaient prises les décisions, avec autour, ce qui semble être le lieu de vie des intervenants du sanctuaire. Hors contexte de guerre ou autre, les membres avaient le droit d'y prendre la parole pour évoquer leurs pensées et d'en débattre, philosophique ou autre.

<u>À Bandol</u>, les félons ont été vaincus par les Grecs Optimate aidés des troupes de Vibullius Rufus (finalement j'opte pour cette option vu la suite). Lors du final de la bataille, ils se sont réfugiés sur la butte, soit le château actuel, ultime retranchement, puis ont été vaincus. Ils ont tous été tués et leurs corps ont été brûlés, incinérés. Comme ils ont trahi, ils n'ont pas droit à de sépulture. Il semble peser comme une crainte, laisser les corps pourrir peut engendrer des problèmes sanitaires, des épidémies. Or on dirait que les Grecs interprètent cela comme une croyance, une superstition du type : " Hadès donnerait le pouvoir au mort de se venger, s'ils n'étaient pas enterrés ou brûlés". Donc ils les

brûlent. J'avais été surpris lors du génocide de Tauroeïs du 16 septembre (voit Tauroeïs et non Tauroentum p203), parce que je n'étais pas habitué, comme tout le monde, des tas de gens morts qui brûlent pour nous cela constitue un acte barbare et impensable, mais à l'antiquité c'est courant. J'avais associé ce fait à César et sa barbarie, mais non. Il s'agit en fait d'une pratique rapide d'élimination des problèmes sanitaires engendrés par la décomposition, aussi barbare soit-il à nos yeux d'aujourd'hui. Et oui, nous sommes devenus de sacrées chochottes aujourd'hui par rapport à eux, vous allez voir la suite.

Ceux qui s'étaient réfugiés dans la colline ont été prévenus du revers de situation et sont revenus à la cité (Bandol uniquement). Une fête est donnée avec les nouveaux arrivants, les veuves espèrent trouver parmi ces derniers de nouveaux maris. Au temple de Poséidon (l'octostyle de Bandol), un vieux prêtre se plaint du manque d'engouement pour les dieux.

Au temple d'Arès (à côté), quelqu'un a été exécuté, sachant qu'il était pro César.

<u>À Cytharista</u> les nouveaux arrivants (hommes de Vibullius Rufus) sont également présents, la majorité de ceux qui avaient préféré se réfugier à Massalia est revenue.

À l'Acropole de La Cadière, Il n'y a pas eu de combat entre pro César ou pro Pompée, mais le chef de l'acropole, semble t'il, a été exécuté, il devait être pro César.

À l'Acropole du Castellet, profitant des événements et de la position éloignée, il y avait, en faiblesse interne à la cité, un plus grand nombre d'esclaves que de Grec, aussi, des Ligures ont attaqués et tués quasiment tous les Grecs, ils ont pris ainsi tous les esclaves dont certains étaient peut être initialement Ligure.

d/ La fuite précédant l'arrivée des légions de César

lecture 15 mai

Aux Embiez, soit la forteresse des élites de Tauroeïs, ils se préparent à la guerre. Tout ce qui est hors ceinture défensive est récupéré. Absolument tout ce qui peut l'être. Les murailles sont améliorées en préparant des positions protégées de tous tirs de flèches ou lances. Elles sont également bien réapprovisionnées en armes si besoin.

À Sanary, et ça va être le passage difficile pour moi ayant travaillé sur ce sanctuaire, l'ayant considéré comme une récompense après m'être encaissé le passage de la prise des bastions du 16 septembre, tout le sanctuaire est vidé, tout est récupéré également, richesse et tout ce qui peut être réutilisé, fer, etc. Tous les temples sont vidés, des statues sont brisées, certains récupèrent des morceaux, têtes, mains etc.

Ils partent tous, tout est abandonné (César arrive certainement). De grands bateaux, des trirèmes sont au port de Portissol et embarquent les Grecs. C'est là que j'ai vu l'utilisation qu'ils faisaient de la matte de Portissol qui est en gré je crois, depuis longtemps je pensais qu'il s'agissait d'un reste du port grec et encore une fois ces derniers m'ont surpris. Il y a cette légère pente qui fait face à la houle pour aider comme je le pense au semi-échouage pour débarquer les denrées ou autres, mais j'y ai vu quelque chose que je n'aurais jamais pu imaginer si je n'avais pas ouvert ma conscience par empirisme aux lectures de fréquences résiduelles ravivées par les échos temporels. Il y a carrément un système de bac qui part du point culminant de la matte jusqu'aux bateaux et ensuite ils embarquent. Ce ne sont pas des cordes, mais on dirait comme des rails, fait de bois, j'imagine. La trirème ou galère "cargo", parce qu'elle est vraiment imposante et j'ignore si c'est bel et bien une trirème, est positionnée en face de la petite grotte sous-marine de Portissol, un peu avant la pointe. Avant d'embarquer, les Grecs passent tous à la colonne de temple du sanctuaire de Sanary / Portissol, la première que j'ai trouvée, pour faire des offrandes ou des prières aux dieux. Ces temples-là, ils ne les ont pas encore détruits afin de s'assurer un bon voyage, je pensais.

Sinon ils détruisent tous les autres temples de la partie supérieure du sanctuaire à quelques exceptions près. Ils savent exactement comment faire pour que les temples s'effondrent sur eux-mêmes. Le supposé grand temple octostyle d'Athéna sur son char est laissé intacte en pied de nez pour montrer leur force et leur grandeur. Les temples de la partie inférieure du sanctuaire ne sont pas détruits, je pensais alors que c'était parce qu'ils s'en servaient encore, or c'était pour une autre raison finalement que je déduirai dans les jours qui suivirent. Ils partent certainement pour la Corse, vu la direction qui est prise : sud plein sud, en pleine mer. Le Temple de Poséidon de la Gorguette est détruit. Tout lieu de vie est abandonné de la partie supérieure du sanctuaire.

À Bandol, l'ancienne cité félonne, toute partie hors fortifications est abandonnée, les statues des temples sont détruites également, le temple d'Arès est laissé intacte. La population de la ville s'en va également. Sur la butte, soit le château actuel, certains ont peur. Des militaires et autres et aimeraient également partir, mais ils sont obligés de rester sur place. Toutes richesses, tout ce qui peut être réutilisé est récupéré également et embarqué, fer etc… J'en ai déduit vu les futurs relevés que c'est à ce moment-là que Vibullius Rufus (si c'est bien lui) s'en va également avec la plupart de ces troupes, il en laisse cependant derrière lui pour aider les Grecs. Les fréquences résiduelles de ces hommes et de lui-même, soit les Optimates, sont très intéressantes, elles sont les plus raisonnées que j'ai pu relever dans ce fourmillement d'écho temporel de ce crépuscule des Massaliotes (contrairement a ce que ce mouvement politique peut faire penser, or j'offrirai un nouveau regard dans mon prochain volume). Des sages j'ai envie de dire, mais étant des guerriers, des soldats, etc, ils trouveraient aujourd'hui toutes les qualifications que l'on peut trouver pour en déterminer une personne psychopathe, mais nous sommes en présence d'une période de l'humanité ou la psyché humaine est en construction. C'est d'ailleurs un aspect que j'ai relevé plusieurs fois : une personnalité en dent de scie. Ils sont capables de raisonnement digne des nôtres comme s'ils n'en étaient pas vraiment éloignés et soudainement le gouffre, une barbarie notoire inconcevable à nos yeux.

<u>À La Cadière</u>, un temple est détruit sur les hauteurs. L'acropole est abandonnée aux Ligures.

Au Castellet le camp ligure s'est installé juste à côté de l'Acropole.

Les Grecs restent à l'intérieur de l'enceinte, leur mission étant de prévenir dès que les légions romaines seront en vue.

À Cytharista c'est la même procédure. Toutes les richesses de n'importe quel type, quelles qu'elles soient, sont récupérées à partir du moment où elles se trouvent en dehors des fortifications. Ils se préparent à la guerre. La population s'enfuit également, soit par voie de terre pour rejoindre Massalia (peu), soit par voie de mer.

À Carcisis, le dirigeant est remplacé par un chef militaire.

À Massalia, les légions romaines ne sont toujours pas aux portes de la ville.

Nous entrons maintenant dans les jours sombres de Tauroeïs et des cités massaliotes.

e/Destruction des temples hors fortifications avant l'exil

Lecture du 16 mai

Tous les temples du sanctuaire inférieur n'ont pas été détruits, car ils figuraient dans une enceinte fortifiée, sécurisée. Cependant tous les ornements de valeur et autres ont été récupérés.

À défaut d'autres relevés pour ce jour-là car je voulais vraiment commencer mes relevés journaliers à partir de la date d'arrivée de césar, je vais vous faire part d'un élément que je m'étais pourtant juré de ne jamais évoquer dans mon récit, sachant que nous sommes déjà dans un contexte quasi paranormal, mais bon jouons le jeu à fond. J'ai dit dans mon premier volume que je ne portais pas trop d'importance au jugement d'autrui, ce qui vous vaut ces récits, et dans un souci d'apporter un élément de compréhension à un fait relevé dans mes recherches, à savoir la destruction des temples, alors qu'un temple c'est inoffensif on est bien d'accord, je vais vous expliquer comment j'ai compris la possible raison de cette détermination auto destructive.

Alors, accrochez-vous encore : donc je suis sensible on est bien d'accord pour ne pas dire hypersensible et quand la première fois que j'ai compris, vu le nombre de temples trouvés autour de Poséidon, que Tauroeïs était la cité de Poséidon, je l'ai dit à haute voix... et là j'ai vraiment senti une force me pénétrer, sortant du sol et partout autour de moi. Vous comprenez pourquoi je ne voulais pas en parler. Et chaque fois que je le dis, ça recommence. Alors au début je me suis dit que c'était la preuve que j'étais dans le juste ; les Grecs avaient fait je ne sais quoi, avaient conscience de je ne sais quoi (on entre dans le mystique, je sais) et ça donnait ça : une force. Plus tard j'ai essayé Tauroeïs cité d'Athéna déesse de la sagesse et cela a fonctionné aussi, mais pour me faire une sensation d'apaisement au niveau du cerveau. Et voici le retour de la religion paganiste, non je plaisante, enfin cela fonctionne.

Alors je n'ai pas fait tous les dieux évidemment, mais j'en ai déduis comment pensaient les Grecs et la raison pour laquelle ils ont détruit tous leurs temples non sécurisés par des fortifications : pour ne pas les laisser à l'ennemi. Il est évident que pour eux, les Grecs considéraient que les temples leur amenaient la force dont ils avaient besoin, ainsi les laisser à l'ennemi était la possibilité que leur ennemi ne devienne plus fort, de leur laisser leurs armes, le secret de leur puissance en quelque sorte.

Certainement que dans un temple, avec la divinité et la construction prenant en compte le nombre d'or, cette force devait être amplifié, mais ce n'est qu'une supposition.

Lecture du 17 mai

<u>À Bandol</u> une fête est célébrée pour la victoire sur le camp ligure qui s'était installé à côté du Castellet pour l'assiéger et appliquer un blocus. L'attaque s'est faite par encerclement. Des troupes grecques et des Romains de Vibullius Rufus qui sont restés pour aider les Massaliotes ont pris le camp de face et de revers en même temps. De face pour les troupes venant de Bandol et de revers pour les troupes venant du Beausset. Une fois vaincus, certains corps de Ligures ont été crucifiés (en x toujours) et exposés, laissés sur place sur le camp, une façon de montrer l'exemple, une façon de dire, voilà ce qui vous arrivera si vous attaquez les places grecques. Une Fête pour la victoire est également donnée au Castellet, mais elle est maussade du fait d'un faible nombre de participants, car la quasi-totalité des Grecs de l'Acropole est morte lors de la première prise Ligure.

<u>La Cadière</u> a également été reprise. Les soldats ont redescendu des biens, peut-être un trésor caché ou des armes, les temples n'ont pas été détruits.

Rien à signaler à Cytharista, c'est le calme plat.

Tous ignorent qu'une rébellion pro César fait rage en ce 17 mai au fort extérieur à côté de la ville de Massalia (que j'avais pris pour Fos Sur Mer au début). À la vue de l'arrivée des légions de César, le fort est finalement renversé intérieurement par les pro César. Il s'ouvre à eux du coup à leur passage. C'est toujours le même problème, les cités ou place forte qui savent qu'elles ne pourront pas se défendre par faute de mauvaise situation stratégique ou structures défensives insuffisantes préfèrent se rallier pour survivre.

<u>Aux Embiez</u> donc, ignorant tout, l'échange culturel entre les Grecs et les Romains de Vibullius Rufus qui sont restés, continue.

2

Les légions de César aux portes de Massalia

a/ Le début du siège de Massalia

Lecture du 18 mai

Attention on y est, il est là, ça y est : César est aux portes de Massalia et commence son siège directement. Donc normalement il y a 3 légions selon les textes, car moi je n'ai aucune information exacte à ce sujet, il y a masse c'est sur.

De Massalia, quelques Grecs sympathisants pro César (couples, civils) s'échappent de la cité pour rejoindre les Romains, je tairai leur sort, enfin ils sont tués par ces derniers à l'ombre des regards.

Cytharista est au courant du début du siège, certainement prévenue par leur vigie en haut des collines. La peur et la résignation s'installent dans la cité, ils savent qu'ils sont perdus.

À Bandol, ils ont été mis au courant également, la peur a enterrer la fête.

La Cadière et le Castellet ne sont pas encore au courant.

La mer est toujours aux Grecs. Une personne importante, peut-être le haut consulat arrive en bateau à Cytharista et nomme quelqu'un chef de la cité, un militaire certainement, puis il continue sa route en navire vers Tauroeïs.

Je suis fier donc d'amener cette date, même si évidemment on ne peut rien prouver tant qu'un petit génie de la physique quantique ou autre, nous fasse un appareil permettant de capturer les échos temporels comme je le fais : on l'attend. En attendant voilà, c'est le 18 mai et vous allez voir la suite est surprenante et les échos temporels c'est plus que " gorgeous ".

b/ La première vague d'attaque romaine, le sort d'Antipolis et de Nikaia

Lecture du 19 mai

La forteresse de Tauroeïs des Embiez a reçu une attaque romaine venant de la mer. Les bateaux venaient de l'est. Tout ce qui est en dehors de la triple muraille a été brûlé, etc. peut être avait-il des champs de culture sur l'île pour maintenir une autarcie en cas de besoin (également les jardins onirique du sanctaire de temple dédié au mythe de Persée je pense aujourd'hui). Maintenant l'île est dans le même état que je l'ai vue le 31 juillet, soit le jour de la bataille navale de Tauroentum. Puis ils sont repartis. Impossible de passer la triple muraille. La personne importante qui était passée à Cytharista est bien arrivée à Tauroeïs.

Lecture du 20 mai

<u>Au Brusc</u>, à la tour fortin de la forteresse, un sentiment de colère et d'humiliation règne.

En fait l'attaque de la veille s'est faite avec leurs propres navires pris certainement à Monoikos, Nikaïa et Antipolis. Quand c'est arrivé, je voulais aller voir à Antipolis ce qu'il en était et j'en ai été empêché. J'ai alors misé tous mes espoirs sur les webcams en direct. Je me suis dit que peut-être, je n'aurais pas besoin de faire tous ces kilomètres, surtout que je ne pourrais pas les faire tous les jours pour faire des relevés. En même temps je me suis dit " mais qu'est ce qu'on va en penser " (là pour le coup un peu de qu'en-dira-t-on t-on? quand même) : lecture de fréquence résiduelle ravivée par l'écho temporel sur des webcams en direct. Tout le sérieux de cette entreprise ainsi résumé… Et bien ça marche, mais je ne peux avoir qu'une seule information apparemment, je n'ai pas la possibilité de me balader dans les fréquences et voir plus de choses malheureusement, mais c'est déjà pas mal. Par contre, je peux faire plusieurs lectures par jour. Donc voici la réponse que j'attendais depuis septembre dernier :

les Romains ont tout rasé (de l'occupant grec, en vie humaine) à leur passage comme à Tauroeïs en septembre, ce qui explique la peur et la fuite des Grecs de Tauroeïs dès le début du mois de mai. On y est, le vrai visage de César et de cette entreprise génocidaire commence à apparaître, ce qui répond en concordance avec les fréquences résiduelles que j'avais relevées en septembre et qui répondent à mes interrogations, merci les webcams.

Retour Aux Embiez : une femme qui gérait le petit sanctuaire dédié a Persée est tuée ainsi que quelques soldats lors de l'assaut romain toujours par le côté sud-ouest de l'île, aucune attaque maritime n'est donnée dans la baie, ce qui confirme la présence de la chaîne flottante de barrage.

À Cytharista, la retraite vers Massalia est coupée du coup et quelques bateaux essaient de quitter la cité. Ils sont stoppés par les navires romains qui effectuent également un blocus. Une petite bataille navale en découle ou possiblement une galère grecque est coulée. Les navires grecs retournent au port du coup. Des personnes importantes qui voulaient partir vers Tauroeïs sont bloquées sur place également.

À La Cadière, les occupants veulent abandonner l'Acropole et rejoindre Bandol pour plus de sécurité.

Au Castellet, ils sont déjà partis. Ils ont laissé quelques esclaves derrière eux qui, libérés, se sentent les rois dans l'acropole désertée, mais leur sort est scellé avec les Ligures.

À Massalia, il n'y a plus un seul assaut ordonné par les Romains. Ils s'installent et commencent le blocus, ils sont en maître. Commence alors l'attente.

À Carcisis la cité est pétrifiée par la peur

À Cytharista commence déjà un problème de faim. Ils sont en colère, ils savent qu'ils sont perdus. Quelques-uns se sont cachés dans les calanques de Figuerolles pensant qu'on ne les trouverait jamais. Ils sont deux, ce sont des amoureux, ce sera la partie Titanic du récit on va dire, ils se foutent des problèmes basiques des hommes, ils fuient tout cela. Psychologiquement, ils sont un peu perchés sur leurs nuages.

À Bandol le blocus maritime est actif également, la peur et la résignation sur leur sort dominent.

À Sanary au bastion militaire de Portissol, les hoplites sont sereins dans les ensembles fortifiés.

Lecture du 21 mai

À Sanary, les militaires sont confiants, sereins et fiers d'être les derniers à résister, à ne pas être tombés depuis le début.

À Bandol, les Grecs sont tous partis. Les Romains ont lâché le blocus maritime et du coup les Grecs et les Romains pro Pompée qui étaient ensemble sont partis en navire. Ils ont tout abandonné. Les esclaves qu'ils ont laissés derrière eux illuminent la cité de leur regard neuf de liberté retrouvée. Deux navires sont partis pour la Corse, un pour Tauroeïs.

À Cytharista les bateaux romains de Bandol ont rejoint ceux de Cytharista pour tenter de faire un siège par voie maritime. Cytharista résiste du haut de ses remparts.

Côté terre, à revers, le siège a également lieu. Sans arriver à leur but pour l'instant. Il doit y avoir une sacrée forteresse pour qu'ils tiennent que je n'ai toujours pas cartographiée.

Les amoureux de la calanque de Figuerolles ont faim et deviennent un peu fous.

À terre je ne suis pas sûr que ce soit des légions romaines qui attaquent, peut-être des recrues secondaires ou issu de la décimation, car ils ne sont pas ordonnés, ce ne sont pas des Ligures non plus.

Carcisis ne subit aucune attaque pour l'instant.

À Massalia le blocus continue. Il n'y a aucun combat, le blocus est maritime et terrestre.

Peut-être deux légions sont parties pour l'Espagne et une est restée sur place comme dans les textes, mais je n'ai aucune certitude à ce sujet. En ligne arrière les chefs sont sereins, César ?

<u>À La Cadière</u>, les Ligures sont revenus en masse. Ils ont attaqué l'Acropole en escaladant les falaises et ont rasé la cité. Les fréquences sont proches de Mad Max en gros, crucifixion etc.

Ils avaient dû certainement se rassembler après avoir été informés de la bataille du Castellet, leur semblable ayant été tués, massacrés, exposés, peut-être qu'un fils ou un frère de chef important avait été tué lors de cette bataille. Ils sont venus pour la vengeance donc. Un ligure mange du Grec brûlé et le recrache, une manière de montrer qu'ils ont tout eu de leurs ennemis, je pensais.

<u>Au Castellet</u> les esclaves qui avaient été libérés et qui profitaient un peu de leur liberté, sont tués par les Ligures, avec un jeu macabre de " essaye de t'échapper ". Les Ligures jouent avec leurs proies avant de les tuer simplement sans torture physique.

Les Ligures pleurent et enterrent leurs morts de la bataille précédente, cassent les statues mais ne détruisent pas les temples. La statue de Méduse les fascine, ils la laissent et s'interrogent sur qui était cette femme aux cheveux de serpent, peut-être également leur fait elle peur.

c/ Le problème caché des Ligures

Alors attention accrochez vous, voici le pavé ligure cannibale qui va tomber. Depuis le début de mes recherches soit à la première visite avec Sylvain donc au tout début début, j'avais senti que les Ligures étaient cannibales et je les présentais ainsi. À notre passage au site du Mouret au Brusc, j'avais senti que les Grecs avaient peur d'enterrer leurs morts en dehors de l'enceinte de la ville comme c'est le cas à l'antiquité, et j'en avais déduit qu'ils avaient peur que les Ligures les mangent, même morts.

Car les tombes du site du Mouret n'ont jamais été retrouvées. Plus tard j'avais bien senti que c'était un privilège (qui devait coûter cher) et une sécurité d'être enterré sur les îles des Embiez, car il y avait l'impossibilité aux Ligures d'y pénétrer. Mais là, pour la Provence qui se revendique de ses racines ligures ça va être dur à avaler et il y a de grandes chances que je devienne persona non grata un long moment ou a jamais pour avoir évoqué cette affirmation, déjà que. Alors au premier campement ligure je n'ai été témoin d'aucun acte cannibale. Donc c'était peut-être seulement certaines tribus. Là pour le coup, peut être les plus fortes, les plus barbares pour cette mission punitive. Dans mon prochain volume 'Tauroeïs, les Thermopyles massaliotes" il est possible , enfin j'entrevois de pouvoir peut-être affirmer qu'il ne devait plus rester trop de Ligures en Provence après le passage de César. Donc sauf si vous êtes natif du coin et que vous n'avez pas envie de manger votre voisin, il y a peu de chance que vous ayez un gène ligure et que les racines génétiques de la Provence soit en fait possiblement aussi issues de peuples déplacés par l'Empire romain, mais je n'ai aucune preuve scientifique pour étayer cela, du moins je n'en ferais pas la recherche.

* au final de cette saison de relevés d'échos temporels, aujourd'hui, soit novembre 2024, je n'ai que deux tribus Ligures cannibales identifiée, soit les Deceates (Vallauris) et quelques tribus Segobriges (branche celto ligure), proche Massalia jusqu'au Maures. Les Oxybons (vallée de la Siagne) et une autre tribu de l'arrière pays niçois ne sont pas cannibales.

d/ Premiers relevés de la muraille défensive de Massalia

lecture du 22 mai

Aux Embiez un rite funéraire est effectué pour la personne importante qui avait nommé un nouveau chef militaire pour la cité de Cytharista. Il s'est suicidé en demandant à sa domestique de lui préparer un plat empoisonné. Cette dernière avait également ordre de ne rien révéler une fois son maître décédé, ce qu'elle a fait.

De la tour fortin, ils ont pris le corps, puis ils sont partis de la ville dans un cortège funèbre jusqu'au temple que je pensais encore à l'époque être celui d'Athéna déesse de la sagesse.

Son corps est exposé dans le temple, je m'étais alors dit que c'était normal puisque c'était une personne importante, mais un rite funéraire dans le temple d'Athéna, cela commençait à me titiller quand même, car je ne trouvais pas cela vraiment cohérent.

<u>À La Cadière</u> les Ligures terminent le festin avec les corps des Grecs et des Romains de Pompée. Alors voilà, je vous l'avais un petit peu amené précédemment, vous étiez un peu préparé on va dire, mais en fait le jour d'après ce n'est plus une petite bouchée, c'est donc le festin général… Mais vraiment avec la grande table, etc, mais c'est normal pour eux, cela n'a rien de barbare : on ne gaspille pas la viande. Et en fait, je ne l'ai vu qu'après dans une autre attaque d'un bastion secondaire, c'est toujours pareil : les Ligures attaquent en escaladant des falaises. La défense croyant que cela puisse être impossible à réaliser, est prise par surprise. Parfois il y en a qui tombent évidemment dans l'escalade. Ils ont ordre

de ne pas crier en tombant. C'est une preuve pour eux qu'ils sont des guerriers valeureux et ils seront vénérés en tant que tels et s'ils ne crient pas (pour ne pas casser la réussite de l'attaque-surprise). S'ils le font, se sera la honte et le discrédit sur leur famille et ne seront évidemment pas honoré. Ensuite, une fois qu'ils sont dans le fortin, c'est l'attaque et le lendemain c'est le festin, et dans les textes antiques c'est traduit comme " les Ligures faisaient des misères aux Grecs, et qu'ils leur menaient la vie dure…" Sacré résumé, et ce n'est pas fini vous verrez plus tard, enfin le plus gros est passé je vous rassure. (je pensais alors…)

À Cytharista le blocus est toujours actif. Les attaquants terrestres ont établi un camp désordonné le long de la muraille terrestre côté ouest. Certains s'aventurent dans les calanques de Figuerolles ou les deux amoureux se cachaient. Ces derniers sont pétrifiés de peur. Les assaillants commencent les repérages pour Carcisis. Une attaque navale des remparts de nuit est tentée sur Cytharista sans succès.

À Massalia, le blocus est toujours effectif sans aucune attaque de la part des Romains qui disposent pourtant au minimum d'une légion, soit 6000 hommes. Et là du coup je me suis dit : « mais qu'est-ce qui peut bien avoir cloué les légions de César ? » À savoir que depuis le premier jour, soit le 18 mai, je n'ai été témoin d'aucune autre attaque.

Du coup j'ai décidé d'aller essayer de commencer à cartographier la muraille défensive de Massalia. Et c'est armé d'une Orgonite repoussant un peu les ondes électromagnétiques ambiantes qui me gênaient pour travailler sur Marseille que j'ai pu aller cartographier cette dernière et que je pourrai à l'avenir revenir y travailler. Alors comment ai je procédé ? parce que Marseille est très grande, deuxième ville de France. Je suis parti de mes estimations, à savoir celles que j'avais projetées déjà au tout début de mes recherches, soit que la limite sud de la ville devait commencer avenue du Prado. Et bien mes estimations étaient erronées de trente mètres seulement... En fait, les murailles commencent à trente mètres après l'avenue du Prado et elles englobent l'Huveaune (fleuve), ce qui m'a d'abord surpris puis finalement j'ai trouvé cela logique. Ils avaient ainsi un accès à l'eau ininterrompu et l'Huveaune offrait une barrière naturelle à franchir dans la succession des remparts. Voici les impressionnants relevés que j'ai pu y faire : la muraille défensive de Tauroeïs fait 100 m de large environ. Celle de Massalia est autour des 300 mètres, ce n'est plus le même registre : premier rempart 12 mètres de large puis un espace de 12 mètres jusqu'au deuxième rempart qui est de 12 mètres de large également puis un espace de 25 mètres jusqu'au troisième rempart de 23 mètres de large cette fois ci, certainement celui qui devait recevoir les catapultes, puis un espace de 25 mètres jusqu'au quatrième rempart de 12 mètres de large encore, puis espace de 35 mètres jusqu'au cinquième rempart 15 mètres de large. Ensuite, il y a un espace de 60 mètres dans lequel se trouve le fleuve Huveaune, mais ce dernier est coupé en long par une petite muraille de 2 mètres, puis un 6è rempart de 12 mètres de large également, un espace de 24 mètres jusqu'au septième et dernier rempart de 12 mètres de large (plan p322). Je ne suis pas allé chercher le front en pleine ville (en face de la colline Saint-Charles normalement), mais je pense qu'une fois de plus les légions n'ont pas dépassé une ou deux murailles grand maximum.

donc voilà pourquoi le blocus a été la deuxième et la plus viable solution pour le siège de Massalia, car la ville semble imprenable de par ses défenses impressionnantes.

Jeudi 23 mai / pas de lecture

Siège de Carcisis par déduction de la lecture du 24

e/ Enlisement du siège de Massalia / Date de la décision d'augmenter la flotte

Lecture du 24 mai

<u>Aux Embiez</u>, la célébration funéraire qui s'étendait sur plusieurs jours au temple dont je pensais encore

être celui d'Athéna est interrompue par une attaque des Romains qui ont pris Bandol. Il s'agit peut-être de soldats qui étaient restés cachés, attendant une occasion pour agir. Ils sont descendus ensuite dans d'autres bâtiments juste avant la muraille. Ils font des prisonniers dans le but d'extorquer des informations sur le système défensif de la cité. Puis ils sont retournés sur Bandol. Au temple lui-même qui est en dehors de l'enceinte des murailles, ils ont kidnappé la femme de la personne importante, cette dernière venait se recueillir sur le corps de son défunt mari et participait au rites funéraires.

<u>À Bandol</u>, il semble que la cité ait été choisie pour devenir une base arrière de chef décisionnaire. Les Ligures sont juste en face dans les collines, ils n'attaquent pas, ils surveillent les Romains.

Le siège de Cytharista s'est déplacé sur Carcisis. Ces mercenaires ou autres au service de César veulent des richesses pour se payer. Comme le siège n'aboutit pas à Cytharista, ils ont décidé de se rabattre sur Carcisis qui leur semble être une cité plus facile à vaincre.

<u>À Cytharista</u>, ils ont juste laissé le blocus maritime derrière eux. Les amoureux dans les calanques de Figuerolles ont été trouvés par les mercenaires ou autres et ont été tués. Je tairais leur fin.

À Massalia le blocus est toujours tenu. Les Romains s'installent confortablement, pillent les richesses aux alentours dans des bourgades ou petites exploitations et se préparent pour un long siège.

Ils pensent à renforcer considérablement la flotte pour effectuer une percée par le port de Massalia qui reste aux mains des Grecs. Est-ce à ce moment que la décision de la construction d'autres navires à Arles a été prise ? Je l'ignore en tout cas, ils commencent à y penser stratégiquement. (je pense maintenant que oui, c'est la date de la décision)

Pour vous aider à comprendre le recueil de toutes ces informations, ce n'est pas compliqué, plus les émotions sont fortes, plus les fréquences résiduelles sont lisibles de par leur intensité, ainsi en période de non-guerre, on peut dire que je m'ennuie, je n'ai rien à lire, ce qui va arriver un peu plus tard. Le jackpot dans les fréquences résiduelles, c'est de pouvoir isoler une personne, un individu, homme ou femme. À ce moment-là, c'est comme une adresse que je peux consulter à chaque fois en me concentrant, que du bonheur. Une fois une fréquence émotionnelle isolée, je peux me balader à l'intérieur et voir beaucoup plus de choses.

À Massalia, au temple principal, semble t-il, des prières et des célébrations sont données aux dieux pour apporter la victoire. Une procession est faite, offrande aux dieux, un sacrifice humain, semble t-il, est exécuté et la prêtresse ou grande prêtresse peut être, donne du sang de la personne sacrifiée à la statue d'un dieu ou déesse (Arès dieu de la guerre ou Niké déesse de la victoire?) La foule effectue énormément d'offrandes au grand temple. Ils ont terriblement peur pour leur vie et leurs biens matériels, une peur panique même. Parmi la foule, il y a un homme qui veut donner sa fille vierge en sacrifice. Elle est finalement prise pour devenir prêtresse ou assistante-prêtresse. Convoitée par un garde ou un prêtre du temple, elle est violée, puis n'étant plus vierge, elle est accusée par ce dernier de ne pas l'être et se retrouve expulsée du temple. Elle retourne chez son père qui est certainement veuf depuis longtemps (peut-être sa femme était morte en couche), qui la renie. Du coup elle devient mendiante. En ville c'est le début des rations pour la nourriture. Des bêtes sont tuées pour alimenter des repas, car il est impossible de sortir de la ville pour aller chasser afin de manger de la viande.

<u>À La Cadière</u> une petite escouade romaine en reconnaissance entre dans l'acropole désertée des Ligures et tombe sur un amoncellement mortuaire laissé par les Ligures. C'est un spectacle désolant créé pour semer le plus grand effroi chez l'ennemi. Ils y mettent le feu. Un sentiment d'inhumanité les gagne, ils sont profondément écoeurés, puis ils

partent vers Cytharista. Le Temple d'Héraclès tuant l'Hydre de Lerne n'a pas été détruit ainsi que sa statue. Les Ligures détruisent les statues quand elles sont jolies ou de forme humaine et qu'ils n'en comprennent pas le sens. Ils laissent celles représentant des monstres comme le centaure Chiron par exemple ou celles qui les impressionnent, peut-être par crainte. Parfois ils emportent des têtes de statue en trophée.

<u>Au Castellet</u> un prêtre / chef ligure très noir d'âme s'est installé avec sa horde. Ils guettent ce qui se passe aux alentours.

lecture du 25 mai

<u>À Bandol</u> les Romains s'installent en plus grand nombre (les Grecs ayant abandonné la cité). Une excursion est organisée pour déloger les Ligures de la colline du bois Maurin. Les Romains érigent leur camp définitivement avec emblème, etc. Puis ils s'amusent à des jeux mortels avec des Ligures capturés dans les collines environnantes lors de l'inspection de repérage du nouveau territoire.

Parmis les prisonniers faits à Tauroeïs lors de l'attaque du temple supposé d'Athéna, il y a cette femme, qui était aux funérailles de l'homme important, que j'avais pris pour une prêtresse au début et qui était en fait sa femme, je pense. Elle est bien traitée, en attente de la faire rencontrer à des chefs romains, semble-t-il.

À Cytharista les Romains ont installé une vigie à la pointe du Mugel. Ils s'installent entre le Mugel et la ville pour du long terme. Ils n'effectuent toujours pas d'assaut, ils restent campés sur leur position de blocus. Des troupes romaines sont également arrivées pour gonfler leur nombre.

Ils laissent croire que les assiégés peuvent sortir en enlevant des troupes devant les portes de la cité et autour des murailles, mais des troupes les attendent en embuscade sur le col au cas où, en même temps, ils sont à l'abri d'éventuels tirs de la cité, mais le blocus est toujours effectif. Des éclaireurs vigie sont cachés tous les 50 mètres au cas où, pour des tentatives d'évasion individuelle ou de petit groupe. La cité tient, mais c'est le début de la famine. Le décès des premières personnes faibles survient. La cité doute, ils s'interrogent, étant coupés de toutes informations extérieures, sont-ils les seuls à avoir survécu? Seraient-ils les derniers ? Il y a une polémique interne chez les décisionnaires, les chefs. La décision d'un compte à rebours d'un délai de 15 jours à tenir est prise, après, ils se rendront. Il y a des vols de bêtes, certains reluquent les chiens des autres avec envie de les manger.

À Massalia les Romains torturent des prisonniers grecs faits aux alentours de la cité. Ils les exposent devant les murailles pour terroriser les Grecs. Ils leur promettent que ce sera leur sort prochain s'ils ne se rendent pas, crucifixion, cris, agonie, etc, enfant en bas âge tué devant sa mère pour la faire crier, supplier, etc.

Envoi d'un message à César? Pour signifier le début du siège et la prise de position? Qui normalement est parti en Espagne pour affronter les troupes de Pompée..(?) historiquement dans les textes.

Dans les campagnes autour de Massalia, c'est la désolation dans les petites villes. Ceux qui s'étaient enfuis ou avaient réussi à fuir et à se cacher reviennent sur leur terre et constatent le vide, les habitations n'ont pas été détruites, mais il ne reste personne.

Au grand Temple à Massalia, les récoltes de dons ont été tellement fructueuses, or, etc, qu'ils cherchent à les cacher, car il y en a trop, trop d'offrandes ont été effectuées. La mendiante quant à elle, dort avec les rats. C'est un mélange de frayeur et de douceur de vivre dans la cité puisque les beaux jours arrivent. Des escrocs font leurs affaires en promettant de sortir des gens de nuit vers des lieux sûrs en dehors de la ville.

À Carcisis, ils ont tenu le coup face à l'attaque, mais ils restent retranchés et amoindris. Il ne restait plus grand- chose pour qu'ils cèdent.

À La Cadière les Romains cassent certains temples ou édifices pour consolider certaines fortifications, certainement au-dessus des falaises qu'avaient escaladées les Ligures.

Le temple d'Héraclès n'est pas détruit, ils attendent la décision d'un supérieur. Certains rigolent du sort de leur prédécesseur, Grecs et Romains de Pompée qui ont servi de banquet. Une garnison entière s'est finalement installée.

Au Castellet, le sorcier / chef ligure à l'âme noire est toujours là. Pour situer un peu le personnage et sa horde, c'est exactement les mêmes fréquences, mais en homme, de la chef dans le film le 13e guerrier, et un peu peut-être, le même type d'organisation. Des guerriers ligures sont arrivés en masse.

Une attaque ligure a eu lieu sur les frontières nord de Tauroeïs. Une tentative de percée à côté du col du Gros Cerveau, à droite du fort quand on regarde du sud. Des pièges ont stoppé net l'intrusion, ils ont tous été tués par les défenses du front des collines. Des hommes rentrent bredouilles de la tentative, seuls ceux qui ne se sont pas engagés dans les pièges du couloir ont survécu. Il y a apparemment la perte de personnes chères à leurs yeux. Stupidement, ils mettent leur chef en tête des attaques. Les Ligures pensent à se retirer vu l'avancée des Romains qui les terrorise. Ils ont vraiment peur des Romains, car ils savent peut-être que c'est peine perdue (plus tard je comprendrais que c'est seulement un statut de supériorité numérique qui les impressionne). Ils mangent quelques esclaves qui s'étaient enfuis et qui ont été capturés. Ces hommes sont des bêtes.Tout ce qu'il leur importe, c'est de manger, dominer, contrôler.

lecture du 26 mai

À Bandol, la femme de la personne importante qui s'est suicidée à Tauroeïs est avec un romain. Sa beauté ou autre fait qu'elle est tranquille pour l'instant. Les autres prisonniers de l'excursion ont été torturés, etc. La cité se romanise.

À Cytharista, une attaque est organisée par un petit groupe d'approche. Occasionnellement ils essayent même avec un homme uniquement, soit des infiltrations. Ils font parfois des tirs, flèches ou autres, mais cela n'aboutit à rien, ils n'ont réussi qu'à faire de petits dégâts. Côté mer, au port, les assaillants arrivent à saboter plusieurs bateaux, l'un d'eux est à moitié coulé, pour leur abattre le moral.

À Carcisis les Grecs récupèrent du siège, des troupes sont arrivées en renfort par voie de mer.

À Massalia les Romains s'énervent et perdent patience, leur intimidation n'a rien donné, car les Massaliotes ne se rendent pas. Ils bombardent alors la ville de boules de feu pour tenter de l'incendier. Les foyers sont éteints et n'arrivent pas à créer d'embrasement global de la ville.

Des dirigeants veulent quitter la ville, peut-être pour Tauroeïs.

Des femmes s'organisent, pour la production, la récolte de je ne sais quelle denrée, dans les champs internes de la ville.

À La Cadière, la cité se romanise, ils l'adaptent à leur mode de vie.

Au Castellet, les Ligures sont partis. Les Romains entreprennent l'acropole, ils trouvent quelques restes d'esclaves qui ont été dévorés. Le chef ligure a laissé un petit totem mortuaire comme pour signifier qu'il est à craindre, mauvais et en colère. Comme ils le font à chaque fois apparemment.

Aux Embiez, ils construisent une route sécurisée jusqu'au temple d'Athéna sur la pointe du Cougoussa, et une enceinte pour le temple. À l'avenir, les rites funéraires seront sécurisés.

Lecture du 27 mai

Des renforts sont arrivés à la forteresse des Embiez, c'est ceux qui étaient à Carcisis hier, trois trirèmes massives. Elles viennent de Massalia (initialement partie de Telon "Toulon", ce que je comprendrais plus tard) avec les trois têtes du gouvernement massaliotes apparemment.

Ce qui veut dire qu'actuellement César n'a pas assez de navires pour faire un blocus effectif à Massalia ou qu'il y a eu une bataille et que les Grecs ont vaincu les navires de César.

Une fois à la forteresse de Tauroeïs, ils racontent les déboires de Massalia et la trahison du fort externe à la ville. L'un se plaint d'avoir perdu sa femme, l'euphorie des retrouvailles passée, la peur reprend sa place.

À Bandol ils continuent l'aménagement, l'organisation de la cité. Ils n'avaient pas assez de bateaux pour contrecarrer les trois trirèmes et il y a les chaînes qui sont toujours en place au Embiez entre le Petit Rouveau et la pointe de Portissol. La colline du bois Maurin a bien été pacifiée. Il n'y a plus aucun Ligure. Quelques anciens esclaves qui avaient dû s'échappés précédemment (lecture du 21 mai) ont été récupérés. La femme grecque importante qui avait été épargnée jusqu'à maintenant, étant avec l'un des chefs romains, a été poignardée après qu'il ait tout puisé d'elle, corps et âme. Elle pensait avoir retrouvé la sécurité de par son statut, elle n'a récolté, au terme de jeux psychologiquement sadiques, qu'un coup de poignard. Les autres prisonniers grecs capturés lors de la même expédition sont tous morts également suite aux torture qu'on leur a infligés.

À Cytharista, la cité tient, mais ils sont très affaiblis par le siège. Le blocus est toujours effectif. Les assaillants se contentent de tirs simples de flèches isolées parfois pour maintenir la terreur, pression sur la ville. Les navires qui font le blocus de Cytharista ne se sont pas frottés aux trirèmes quand elles sont passées au loin et ces dernières n'ont pas non plus engagé de combat, étant porteuses des dirigeants de Massalia qu'elles amenaient à Tauroeïs. La priorité étant de mettre la tête gouvernante en sécurité.

À Carcisis la cité a été renforcée. Ils ont dû déposer des hommes avant de rejoindre Tauroeïs.

On dirait qu'ils veulent préparer une contre-attaque pour libérer Cytharista.

À Massalia, finalement un incendie a pris. La bande le long de la muraille à portée de tir est détruite, brûlée. Cela a renforcé la peur dans la ville. Il y a d'autres navires qui partent, chargés de civils cette fois-ci, pour la Corse ? Donc le blocus maritime est non effectif ou insuffisant.

La cité se vide un peu, c'est le désespoir pour certains. Ils ne savent plus quoi faire, ils sont perdus. En regardant le coucher de soleil, certains se demandent s'ils ont un avenir. Des vivres arrivent par la mer, mais en quantité insuffisante. On dirait que les Grecs ont repris les îles du Ratonneau. Cela coïncide avec les 30 jours cités dans les textes pour construire la flotte de Brutus / 27 mai, 27 juin pour la bataille de Massalia ou la nouvelle flotte de César dirigée par Brutus a vaincu la flotte massaliote. César ayant perdu le premier blocus maritime, il a donc fait construire une seconde flotte.

<u>À La Cadière</u> l'acropole est devenue un poste arrière de vigie romaine.

<u>Au Castellet</u> les Romains adaptent la cité à leur style de vie. Des éclaireurs ligures les espionnent.

3

La contre offensive Massaliote

a/ Début de la reprise des comptoirs grecs

Lecture du 28 mai

<u>Aux Embiez</u> une fête est célébrée en ville, certainement pour la victoire sur le blocus maritime romain à Massalia. Une visite est organisée au sanctuaire, pour une sécurisation?

<u>À Bandol</u>, les Romains remettent en fonction la récolte ou entretiennent les cultures. Ils s'approvisionnent. Sur la butte, soit le lieu-dit du château actuel, le véritable chef romain a pris place, on dirait un tyran qui règne. Il fait des caprices, fait tuer, écarteler, supplicier pour un rien. Ce n'est pas César. Parfois, il regrette sa mère comme un bébé.

En haut de la colline du bois Maurin ou s'étaient réfugiés auparavant les Grecs sympathisants Optimate de Pompée, ils ont érigé un symbole romain, comme un trophée, avec des drapeaux certainement, flammes, un brasier permanent.

À Cytharista les Grecs de Tauroeïs aidés des trirèmes sont venus casser le blocus maritime, les troupes venant de Carcisis les prennent à revers, soit une attaque par terre et par mer en même temps. C'est la victoire et le soulagement. Les troupes ennemies ont pris la fuite vers l'ouest. En mer les navires romains n'ont pas combattu. Ils ont fui à la vue des trirèmes, essayant d'échapper à leur attaque et à leur perte certaine (on dû se replier vers Arles certainement). Du coup les hommes de la cité ressortent se réapprovisionner, manger à leur faim et faire des provisions dans l'optique de futures attaques.

Ils vont dans le camp adverse récupérer tout ce qu'ils ont laissé, car leurs assaillants ont dû partir à la hâte.

À Massalia Les Romains enragent, ils essaient d'envoyer des espions par mer pour comptabiliser les bateaux du port, soit un nageur isolé, capable de forte apnée pour se dissimuler au besoin. Les habitants récupèrent doucement et se contentent d'un faible ravitaillement. Certains cherchent toujours à partir. Une légère tranquillité est revenue malgré tout, comme une respiration.

César s'en va on dirait, va-t-il en Espagne ou avec Brutus à Arles ? Ou alors envoie-t-il Brutus à Arles ?

Il casse un objet rond avant sa décision. Sa Tente est au vent, propice pour lui à la réflexion.

Des destinations maritimes pour les Massaliotes sont rouvertes vers l'Espagne et autres. Le fourmillement dans la ville revient. Les Massaliotes tentent de communiquer, ils sont en recherche d'informations envers les autres cités dans les terres. Aouenion (Avignon) , etc.

Il y a des naissances, certains brandissent leur nouveau né vers le ciel, l'espoir revient. Des offrandes sont faites au grand temple, le centre religieux, en guise de remerciements.

À La Cadière, les Romains ont mis la main sur du vin. Ils organisent une petite fête en secret, l'un d'entre eux tombe ivre mort.

Au Castellet, la cité a été aménagée pour les Romains. On célèbre un culte pour baptiser la cité. Puis il y a un discours élogieux fait par des acteurs pour une nomination, soit le nouveau chef de la cité. C'est l'entrée en scène dans mes lectures de ce personnage, ce chef romain et dont j'ignore le nom, qui est nommé et qui m'a paru dès le début complètement mégalo, puisque pour son intronisation déjà, des acteurs sont engagés pour le couvrir d'éloges et louer ses victoires. Je pensais que cela venait de sa volonté, mais dans les prochaines lectures, j'ai pu me rendre compte que ce mythe était réel de par la réaction et les agissements de ses contemporains à son égard.

Sa garnison entre dans l'acropole après son discours. Il demande qu'on lui ramène des richesses et victuailles aux alentours. Une Femme esclave lui est amenée pour le satisfaire, il finit par la fouetter, puis elle retourne avec les autres esclaves, car elle ne l'aime pas " au naturel " comme il le voudrait, évidemment. Les fréquences des Romains de César soit disant les "Populares" sont assez désagréables à lire pour moi. Les mots qui me viennent pour les évoquer de par mes lectures seraient " l'ère des fous ".

À la tombée de la nuit, ce chef devient complètement paranoïaque. Il a peur du noir et de la nuit. Il sollicite sa servante plusieurs fois dans la nuit, insomnie, cauchemars, angoisse. L'aube fait fuir sa peur et il décide de partir à la chasse.

Lecture du 29 mai

<u>À Bandol</u>, les navires qui ont fui La Ciotat ont rejoint Bandol et le tyran accepte difficilement la défaite. Dans une petite arène, des jeux mortels sont organisés avec les chefs romains vaincus du siège de Cytharista, notamment avec des fauves. Le tyran est

satisfait des cris qu'il entend de sa butte (le château).

Aux Embiez des bateaux sont arrivés de Massalia avec des populations qui voulaient se réfugier à Tauroeïs. Une organisation est faite pour les accueillir. Il y a comme une sorte de tri pour l'instant, ils sont parqués vers le port actuel des Embiez.

À La Ciotat, ils sécurisent ou piègent les positions où l'ennemi avait installé son camp, mais j'ignore comment, des trous ? Pics?(goudron dans les textes) Ils étendent des fortifications dans ces zones.

À Massalia les Romains attendent leur flotte en construction pour refaire le blocus maritime. Ils essaient de répandre des maladies dans la cité en catapultant des morceaux de cadavres d'animaux pourris, le plus loin possible dans la cité.

Ceux qui n'ont pas fui Massalia sont bien confiants sur la future victoire contre les Romains. Les autres sont partis, à Tauroeïs ou autre ? Des Cérémonies reprennent au grand temple pour demander l'abondance, la vie pérenne et la victoire.

À Carcisis ils sécurisent également des positions avancées sur terre, étendent les fortifications et font des pièges défensifs.

À La Cadière les Romains décuvent, en fait il ne s'agit que d'un petit groupe pour garder l'Acropole. Cette place ne les intéresse pas. C'est le front, soit la limite avec le territoire ligure qui les préoccupe.

Au Castellet le chef romain a récupéré un petit bébé animal pendant la chasse ou autre, il se focalise dessus, il s'attendrit en sa présence, le materne.

b/ Le dégagement du siège romain, Massalia la suprême

Lecture du 30 mai

Aux Embiez, les nouveaux arrivants de Massalia sont allés faire des célébrations en nombre au temple du Cougoussa. Il y a une petite euphorie et un certain engouement. Le chef à la tour fortin rappelle qu'il ne faut pas crier victoire trop rapidement. Des volontaires civils s'entraînent pour devenir des soldats ou participer à la guerre. Le petit sanctuaire dédié au mythe de Persée est également réutilisé. La cité se prépare au combat. Des voyages vers Massalia sont réalisés, allé et retour.

À Bandol, ils organisent des jeux, se préparent au combat également. Le tyran, chef de la cité a peur. Dans la colline, inutilement, semble-t-il, du fait qu'il n'y est plus de présence ligure, les Romains sont sur leur garde.

À Cytharista les nouvelles fortifications et les pièges sur le lieu de campement de l'ancien siège sont presque finis. La cité a retrouvé son calme et sa sérénité.

Il y a un renforcement de la communication maritime avec Tauroeïs également. Peut-être préparent-ils l'attaque en prenant les Romains de Bandol à revers également par des troupes au sol et un débarquement d'où la raison des Romains en vigie sur les hauteurs (pour prévenir de l'attaque). Ils avancent finalement vers Bandol.

À Carcisis des troupes rejoignent Cytharista par voie de terre pour se joindre à l'assaut. Les Corps des deux amoureux ont été retrouvés et enterrés ensemble, ils étaient connus de la cité.

À Massalia : je suis très heureux d'apporter cette donnée même si je sais qu'elle ne pourra peut-être jamais être prise en considération. Le 30 mai est un jour historique pour Massalia, c'est le jour où la ville s'est débarrassée du siège romain en moins d'une heure, Massalia la suprême comme je l'appelle pour ce jour de victoire.

En fait pendant quelques jours, j'ignore depuis quand, les Grecs avaient pris la décision de déplacer certaines des catapultes de l'ensemble du contour de la muraille défensive de la ville pour les concentrer silencieusement et à l'aveuglement de l'ennemi, face au front, soit orientée vers les légions romaines. J'ignore si la contre-attaque a été de nuit. Je le pense, car cela est plus plausible, mais les légions de César ont subi une pluie de projectiles et de boules de feu incessante et autres si bien qu'elles ont été prises de cours et n'ont eu aucune autre solution que de fuir précipitamment en abandonnant tout sur place. En une heure, la position était vide de tout romain.

Massalia s'est débarrassé des légions romaines en 1 heure, la débâcle éclair pour les Romains.

Une sortie à cheval de la ville est organisée, les portes s'ouvrent, un cavalier que je découvrirai plus tard être le Strategos (général des défenses) de la cité est en tête. Le camp romain est vide, il ne reste que les blessés qui n'ont pas pu s'enfuir. Le Strategos récupère un symbole (porte drapeau aigle ?) sur le camp déserté sous le bombardement. Les légions romaines ou la légion s'est repliée au fort extérieur. Le bombardement a été une pluie. Ils récupèrent tout ce qui peut l'être. Ils creusent des trous pour rendre le terrain inaménageable quand ils le peuvent, certainement comme à la Cytharista. (ajoutent'ils du goudron comme César le précise?)

Le soir, une petite fête sans prétention est organisée par les femmes pour les soldats en soutien, vins, etc. Étant passé dans l'ancien camp romain lui-même, le Strategos ne se fait aucune illusion : il a compris que cela allait être bientôt la fin du fait d'avoir ressenti les fréquences des Romains, plus que noires.

Les prêtres / prêtresses sont sereins malgré que la victoire étant effective, la fréquentation du temple s'est effondrée. Au port un fort échange persiste. La ville est sereine également.

Au fort extérieur (au début je pensais qu'il s'agissait de Fos-sur-Mer) le chef est assassiné par les Romains d'un coup de glaive dans le ventre du fait d'avoir mal renseigné ces derniers sur les défenses et la capacité de la ville. Un messager est envoyé à Arles pour voir l'avancée de la construction des travaux et l'annonce de la débâcle certainement.

<u>À La Cadière</u>, le petit groupe de Romain est toujours là. Des Grecs arrivés de Cytharista sont en repérage, ils se sont arrêtés dans les temples du sanctuaire sur la crête, ils ont la nostalgie de leur passé souverain.

<u>Au Castellet</u>, le chef " taré " a été prévenu de mouvements de troupe ennemie. Il montre d'abord des signes d'ignorance, en restant avec son " bambi ", puis donne un ordre et se transforme en tacticien de guerre redoutable et tue le petit animal. Ensuite il part en repérage avec ses hommes pour évaluer le terrain. Il décide finalement de rester en position

forte au Castellet, soit de défense, et de garder la position. Ils ont constaté que les Grecs étaient plus nombreux.

Le soir, il demande qu'on lui cuisine le petit animal et le mange. Pour se rappeler qu'il ne faut jamais s'attendrir. Puis la peur du noir revient et dans la nuit la culpabilité d'avoir tué et manger la petite bête, peur qu'il revienne se venger, etc… Cauchemars.

c/ La vague de reprise et de relance des comptoirs grecs

Lecture du 1 juin

<u>Antipolis et Nikaïa</u>

Les colons romains se sont installés, j'ignore depuis quand.

<u>Aux Embiez</u> la cité est sereine, à la tour fortin des plans sont échafaudés par les chefs massaliotes pour reprendre Antipolis, Nikaïa et Monoikos (et les autres comptoirs comme je le comprendrais plus tard).

Des cérémonies funéraires sont données au temple du Cougoussa. C'est avec cette répétition de rites funéraires donnés au temple du Cougoussa que la divinité que j'y avais associée ne tenait plus debout, soit le temple d'Athéna déesse de la sagesse. Je regarde donc qui est attribué pour les rites funéraires chez les Grecs et je trouve Perséphone déesse des enfers... Moi qui avais voulu finir mon premier livre en beauté en citant la divinité du temple de la pointe du Cougoussa comme étant celle dédiée à Athéna sous son deuxième attribut de déesse de la sagesse et bien non. C'est le temple de Perséphone, déesse des enfers. Ils vont être contents aux îles des Embiez...*PLANTAGE TOTAL.* En fait, l'erreur vient de la lance. Il n'y a qu'Athéna qui soit représentée avec une lance à ma connaissance. Elle n'avait pas de casque, donc pas en position de guerrière et tenait dans sa main gauche quelque chose qui ressemblait à des Tables de la loi, du moins dans la forme et la position. Je regarde des représentations de Perséphone pour voir si elle a une lance : aucune lance. Par contre elle est représentée exactement dans la position que je l'ai trouvé au temple du Cougoussa...Cela s'annonçait très mal. Et elle tient des plantes symbolisant le printemps dans la main gauche qui pourrait être ce que j'ai pris pour des Tables de la loi de par la correspondance de forme et de position, mais alors c'est quoi cette lance ? Je ne trouve aucune gravure ni statue où elle est représentée avec une lance et d'un coup...une représentation de Perséphone accompagnée d'Hadès et là : Hadès tient un bâton ou un sceptre dans sa main...

Voilà la bourde, c'est Perséphone représentée avec le bâton ou spectre d'Hadès. Alors si quelqu'un en a une représentation je veux bien la voir, car normalement le bâton ou spectre d'Hadès reste avec Hadès. C'est dans ces moments-là qu'on se dit qu'on aimerait bien avoir l'avis de spécialiste de la mythologie qui vous affirmerait " nous aussi on se serait planté ".

On verra si ça arrivera. En attendant si vous entendez quelqu'un vous dire que le temple de la pointe du Cougoussa était dédié à Athéna déesse de la sagesse et bien, vous saurez qu'il n'a lu que le premier volume. J'ai décidé de ne pas modifier mon erreur sur mon premier livre pour bien montrer que déjà on est bien dans le domaine de la recherche et qu'il ne faut jamais baisser la garde de votre esprit critique même si pour suivre mes ouvrages il faut avoir un entendement bien ouvert. La seconde raison de mon erreur est que j'avais bien senti que cette divinité était vraiment aimée des Grecs. Perséphone est la déesse des enfers, mais que de nom j'ai envie de dire. Déjà c'est une victime, elle n'est pas aux enfers par choix délibéré puisque son oncle Hadès l'a enlevé.

Ensuite elle revient des enfers chaque printemps et elle symbolise ainsi la renaissance après la mort (l'hiver) et pour finir elle a dans les domaines qui lui sont attribués, les Champs-Élysées, soit l'équivalent du paradis à l'antiquité. Donc quand on demandait à Perséphone de prendre soin de nos morts, on lui demandait de les accepter aux Champs-Élysée j'imagine. Elle devait représenter globalement pour eux, la fin des souffrances terrestres.

d/ Reprise de la partie ouest de Tauroeïs, soit Bandol actuel et de l'Acropole du Castellet

À la tour fortin, des plans sont toujours échafaudés pour reprendre Antipolis, Nikaïa et Monoikos et les autres comptoirs grecs.

À Bandol, les Grecs ont finalement repris la cité (c'étaient des défenses qu'ils avaient construites eux-mêmes, ils les connaissent parfaitement ainsi que leurs failles, peut-être même qu'elles étaient prévues pour d'éventuelles reconquêtes). Ils nettoient la ville des affres de la bataille et brûlent les corps. De nouveaux colons venus de Massalia directement ré-entreprennent tout. Des terres et des habitations sont réparties au nouveaux arrivants. De jeunes femmes sont parquées au château, je pensais alors que c'était pour les sécuriser en attendant la réhabilitation du site. Or non pas du tout, c'est ce que je verrai par la suite.

À Massalia la vie est sereine à nouveau. C'est de cette grande ville que partent les renforts et les nouveaux colons pour les autres comptoirs, volontaires, à qui on promet des richesses faciles, des terres et un toit.

Les Massaliotes voulaient mener une expédition (certainement à but punitif) au fort extérieur, mais les Romains avaient déjà exterminé tous les occupants en partant . Ils ne prennent pas la position, ils laissent seulement quelques vigies derrière eux. Plus un seul romain " Populares " de César est en vue. Massalia ré arme des bateaux. Les Grecs construisent de nouveaux navires, ils se préparent à la guerre. Peut-être savent-ils que les Romains préparent une flotte à Arles comme il est dit dans les textes (Guerre Civile, César, livre 1 chap.36). Des provisions sont faites, munitions, armes, etc, ainsi que l'enrôlement de nouveaux soldats. Les volontaires sont formés au combat. Les prêtres du grand temple proposent de donner l'argent récolté lors des premiers assauts pour aider à ce que l'on peut appeler " l'effort de guerre". Ils sont résignés à faire ce don, de toute manière, ils ne savaient pas quoi faire de toute cette masse d'argent. À la grande surprise des prêtres, les militaires prennent absolument tout le butin.

Les derniers peureux quittent la ville pour des terres qu'ils pensent être meilleures et plus sûres.

Les Grecs brûlent les corps des Romains morts pendant la bataille puis ils récupèrent les bêtes des petits bourgs et exploitations aux alentours.

<u>À Cytharista</u> comme à Carcisis, ils sont sereins et prêts au combat. Des Navires oeuvrent en ravitaillement.

<u>Au Castellet</u>, les Grecs ont finalement bombardé massivement la place. Le chef romain se sentant perdu, il s'est lui aussi, à son tour, habillé en serviteur. Apeuré, il est sorti hors de son habitation et a été tué par un projectile. Il sera mort considéré comme un serviteur, un esclave. Les Grecs reprennent la position. Ils cherchent le chef sans le trouver. Ils demandent à un romain prisonnier ou est ce qu'il se trouve et ce dernier désigne le chef mort habillé en esclave. Les Grecs ne le croient pas, ils l'exécutent. Ils pensent alors qu'il s'est enfui avant l'attaque. Puis finalement ils demandent à un esclave qui leur montre le même corps. Ils comprennent alors que c'était bien lui. Il est séparé des autres corps. Peut-être je pensais alors pour lui donner un rite funéraire enterrement digne d'un romain? Peut-être avait-il vraiment une grosse réputation finalement. Les Grecs semblent vouloir le respecter, comme s'il était connu, comme un hommage rendu à un guerrier. Ils descendent le corps pour l'amener à Tauroeïs ou autre pour qu'il ait une sépulture digne de lui. Le Castellet est réhabilité.

Lecture du 2 juin

Au Embiez, les galères sont parties pour la récupération des autres comptoirs grecs, Antipolis et Nikaïa j'imaginais alors. À la tour fortin, les chefs sont remplis d'espoir. Cette dernière est réellement devenue le centre de décisions des opérations militaires massaliotes de reconquête des comptoirs perdus. Et donc Tauroeïs était bel et bien la zone refuge pour la tête gouvernante de Massalia en temps de guerre, l'une des raisons pour laquelle elle a été construite.

Il y avait une masse noire à côté du port de commerce, au début de la ville, soit de la lagune actuelle. J'ai d'abord cru à une zone de combat, mais il s'agissait en fait des esclaves qu'on avait amenés avant embarquement pour les galères, en grand nombre pour les trirèmes.

Voilà ce qu'étaient ces masses noires que j'avais vues à la bataille navale de Tauroentum lorsque les navires coulaient par l'avant. Pensant qu'elles correspondaient aussi à des zones de combat et de mort, je m'étais dit, en déduction, peut-être que pendant que le navire coulait et que les guerriers s'élevaient ainsi par-dessus la mer et se retrouvait à découvert, ils mourraient, tués par des lances ou des flèches. Or non, il s'agit en fait des esclaves. Je n'aurais jamais cru que ces derniers fassent une masse noire aussi importante. En attendant cela me donne la position de potentielles épaves qui auraient coulé par l'avant ou l'arrière, laissant des émergences de masses noires sur la zone de bataille.

<u>À Bandol</u>, la cité se ré-harmonise. Ils commencent en priorité à remettre des esclaves pour les plantations, culture, etc : les esclaves, le fioul des comptoirs grecs. Ils les envoient chercher des vivres,etc, pour l'instant, car ils ne sont pas encore en grand nombre.

<u>À Cytharista</u>, les troupes du Castellet ont ramené le corps du chef romain mort, emmitouflé dans un drap. La tristesse règne dans la cité à l'annonce de sa mort. C'est à ne rien y comprendre. Il devait vraiment être un mythe vivant dont César ou un autre dirigeant auraient voulu se débarrasser en le nommant à une place impossible à défendre en cas de revers. Un mythe qui faisait de l'ombre à César, peut-être.

<u>À Carcisis</u> la cité est également frappée par la tristesse à l'annonce de sa mort.

<u>À Massalia</u> la situation est redevenue presque normale. La nouvelle les attriste également. Une partie du peuple se révolte à l'annonce de la mort du chef romain ???!!!

Le renforcement des positions militaires de la cité continue. Des espions éclaireurs sont envoyés pour connaître les activités et la position des légions de César. Le Strategos a toujours un mauvais pressentiment, il reste pessimiste sur l'issue de cette guerre même si les légions sont parties.

Les prêtres se sont fait dévaliser, les militaires ont tout pris. La grande prêtresse est morte, dans le relâchement de la pression. La mendiante est partie en bateau se refaire une vie ailleurs où on ne la reconnaîtra pas.

Ils semblent que les Romains attendent la construction de leur flotte, et peut-être le retour des légions d'Espagne. La pêche avec de petites embarcations a repris à Massalia.

À La Cadière et au Castellet, les Grecs veulent organiser une expédition punitive contre un camp ou une ville ligure et tout raser.

Lundi du 3 juin

À Bandol, des prisonniers sont amenés et subissent la moquerie, la raillerie de la cité. Peut-être s'agit-il des anciens Grecs félons, rendus à l'esclavage, qu'on a retrouvés dans les collines dans lesquelles ils se cachaient. Ceux qui les ont capturés sont applaudis. Ils y a parmi eux également des Romains qui ont été capturés. Le groupe de femme est toujours au château. Le chef ou l'intendant de la cité est une femme, à la place, soit au quartier du chateau ou il y avait l'ancien tyran. Elle est légèrement âgée, les autres sont jeunes, la place forte est occupée, du moins les appartements des dirigeants, par des femmes et non des soldats. Ce sont les filles de personnes importantes. Des riches personnes ou autres ont placé leurs filles ici en pensant les mettre en sécurité. Forme de couvent de l'époque ? Une garde promise pour un mariage arrangé avec des personnes importantes. Elles doivent rester vierges, etc.

En fait, vu les personnes qui vont reprendre les exploitations de Bandol, La Cadière et du Castellet , je pense qu'il devait s'agir de vente de domaine. Des riches massaliotes rachetaient l'exploitation à Massalia et venaient s'y installer.

À Cytharista la cité est toujours en deuil du chef romain, des hommes et des femmes viennent pleurer à côté de son corps. Quelques personnes viennent de Massalia pour le voir.

Carcisis retrouve son " on se fout de tout ".

À Massalia, un messager romain porteur d'un pli sème l'effroi dans la foule. Il s'agit d'une demande de reddition et d'abandonner la ville, de la laisser vide aux Romains.

La réponse est sous cachet : aucune place ne sera abandonnée, les Massaliotes sont prêts à se battre corps et âme. César attend la réponse vers Arles ou Nîmes peut-être, le camp est immense. Le Strategos, soit le général de la défense de la ville a peur, il est parcouru d'effroi. Les chefs massaliotes pensent pouvoir repousser les Romains et doublent la cadence de réapprovisionnement, munitions, enrôlement, fabrication d'armes, munitions, etc.

César est dans une position délicate, attaquer les forces de Pompée en Espagne ou attaquer les Marseillais?

Au Port de Massalia, les navigateurs, pêcheurs ne sont pas rassurés. Ils ont ordre de ne pas trop s'éloigner de la cité ce qu'ils avaient fait auparavant, car il leur semblait que tout allait bien. Au Temple, comme la prêtresse est morte, l'humeur est triste, les murs résonnent de vide. Une vie tranquille reprend dans les calanques, très appréciée de quelques Grecs.

À La Cadière, une fête est donnée dans une grande salle prévue pour les réceptions (l'oratoire actuel). Convives, musique, invité de marque, pour la nouvelle chef de la cité, une femme également qui est la seule à avoir le droit de s'allonger sur un banc, les autres doivent rester debout. C'est elle qui a convié à la fête. Les invités lui font des signes d'allégeance, etc.

Au Castellet de nouveaux esclaves ont été amenés. Un tri des esclaves est effectué, une partie pour le personnel, domestique, une partie pour l'extérieur, soit les exploitations. Une femme est prise en personnel, par le nouveau chef grec. Une fois que ce dernier ait abusé d'elle, elle reste immobile, absente dans sa tête, elle ne sait pas si elle doit mourir, se suicider ou pas. Puis elle retourne avec les autres esclaves et préfère tout oublier dans le travail. Le travail l'aide à ne pas penser. Tout se réorganise autour de la nécessité de l'exploitation des cultures.

À partir de maintenant, fidèle à l'idée de tout retranscrire, je vais continuer à faire le récit de ces trois personnages, soit la chef de Bandol et de La Cadière et le chef du Castellet, comme je l'avais fait pour les chefs romains. Comme ces derniers sont des chefs justement, leurs fréquences résiduelles sont fortes alors que celles des esclaves ou autres sont beaucoup plus effacées. Il est plus facile donc de les lire et de toute manière, elles sont prédominantes. Je prends le choix donc de continuer à énumérer leur petite vie afin que l'on puisse bien voir leur psychologie et que l'on puisse la comparer à celle des Romains et vous verrez que parfois cela s'en rapproche en certains points. Ne dit-on pas " le pouvoir pervertit l'esprit humain ", mais je vous préviens , par moment cela va être ennuyeux. Personnellement je me suis ennuyé, la lecture des échos temporels me prend beaucoup d'effort de concentration, d'énergie et également du gasoil pour aller sur des points culminants, je fais 40km par jour, je crois, dans ma ronde pour tout relever. Mais quand il s'agit de relever des banalités parfois vous verrez, c'est vraiment du gaspillage. Enfin quelqu'un m'avait demandé quand je cartographiais tous les édifices défensifs de Tauroeïs, comment est-ce les Grecs vivaient, et bien ça va un peu répondre à sa question. Cela comporte quand même quelques aspects intéressants qui m'ont amené à de nouveaux éléments de compréhension de leur vie à l'antiquité, que je citerai plus tard, mais quand il n'y a rien, du moins pas de guerre, les fréquences résiduelles ne sont pas fortes car les émotions ne sont pas fortes, et du coup c'est un peu le vide pour moi, soit rien de pire. Enfin j'ai quand même pu en tirer des éléments, mais difficilement.

Le Chef du Castellet écrit un pli et l'envoi via un messager, une simple lettre comme bonne prise de position etc. Puis il partage des jeux avec des enfants. Il préfère se réfugier avec des enfants qu'être au contact des adultes. Le monde des adultes le noircit, l'administration des cultures etc.

Aux Embiez, les chefs à la tour fortin sont contents des nouvelles de reprise de la Cadière et du Castellet, peut être également Hérakléia dont je n'ai vu qu'après qu'elle avait été également prise par les

Romains lors de la première vague d'attaque, puisque les Grecs ont dû la reprendre. Des rites funéraires au temple de Perséphone et des enterrements ont lieu.

Lecture du 4 juin

<u>Au Embiez</u>, la cité reprend confiance en elle, peut-être ont-ils appris que la légion de César a été expulsée de Massalia en une heure, ce qui peut évidemment provoquer un léger orgueil.

Des visites au sanctuaire de Persée reprennent, les statues brisées sont remplacées provisoirement par des représentations sur tissus. Des dons pour la reconstruction des statues sont effectués. À la tour fortin, le chef qui est resté pour gouverner pendant que les deux autres chefs sont partis mener les excursions de reprise des comptoirs profite de sa nouvelle condition exclusive.

<u>À Bandol</u>, les jeunes filles se moquent entre elles de la vieille femme qui les garde. Elles font une fête interdite. En ville, des esclaves sont punis pour montrer l'exemple (tentative d'évasion?) des coups de fouet sont donnés. Le cité est spectatrice. Puis ils sont ramenés au camp d'esclaves.

À Massalia, des troupes arrivent en renfort, est-ce les Albiques, cités dans les textes ? (Guerre civile, César livre 1 chap 34)

Les Grecs veulent réaménager le fort extérieur (déjà vidé de tout contenu par les Romains) pour défendre la ville en premier front. Chez les prêtres, la peur reprend. Le Strategos boit pour enlever la tension, car il a peur également. César semble être parti pour l'Espagne.

À Cytharista, la dépouille du chef romain est amenée à Massalia en bateau. La cité reprend ses intérêts commerciaux, productivité, etc. Les échanges reprennent, départ de bateaux etc.

À Carcisis, les soldats testent les défenses, ils s'entraînent. Un nouveau chef mène la vie dure aux soldats. Il les trouve trop relâchés.

À La Cadière, après la fête, la dirigeante a choisi un amant parmi les soldats mercenaires qui étaient venus l'aider à reprendre la cité, qu'elle avait payé pour leur mission évidemment.

Le lendemain, elle les remercie et ils repartent, dix soldats à peu près, certainement les chefs de petite escouade. Celui qu'elle avait choisi pour sa nuit reste au fond pour cacher leur rapprochement récent et surtout il ne veut pas rester. Elle boit un verre pour oublier le départ, elle aurait aimé qu'il reste, se sentant seule, elle écrit à d'autres prétendants.

Au Castellet seulement des banalités autour de la vie de l'intendant

Au Brusc, le chef qui est resté profite toujours de sa nouvelle position de chef unique.

À Antipolis la cité est sous siège grec, c'est la fameuse excursion préparée à la tour fortin, la ville côté ouest brûle. Des Romains se sont réfugiés au bastion où se tient actuellement le fort Vauban. La ville avait tout simplement commencé à être colonisée par les Romains.

Lecture du 5 juin

Au Brusc, à la Caserne du bastion sud, de petits combats sont organisés. Les soldats sont impatients d'en découdre, ils se sentent invincibles, gonflés par la victoire de Massalia et des autres victoires de reprise des comptoirs.

La population de Massalia qui était venue se réfugier en ville est un peu lassée d'être dans la forteresse, ils en ont vite fait le tour.

À Bandol les prêtres ne sont pas revenus dans le petit sanctuaire, il n'y règne donc aucune activité. Au château, les promises ont de bonnes nouvelles, il y a des prétendants qui vont venir se présenter. La chef âgée est très déçue, elle sait qu'elle va les perdre (en fait il s'agit d'autre chose). Des esclaves sont encore punis pour montrer l'exemple. On dirait qu'il y a une équipe de tortionnaires qui cherche des excuses pour se défouler tous les jours. Il semble qu'il y ait une Mise à mort cette fois-ci, suite a un problème de productivité ? Je pense plutôt qu'il s'agit d'une mise aux plis des nouveaux esclaves avec démonstration de ce qui les attend s' ils ne se soumettent pas à leur nouvelle condition de vie.

À Massalia, le corps du chef romain a été ramené en ville. Il passe en plein milieu de la foule, pleurs, etc. Il est amené dans un endroit où il faut payer pour voir le corps en passant devant.

Le Strategos de la ville s'impatiente, il attend de nouvelles armes ou hommes

À Cytharista, la ville reprend son quotidien après le départ du Corps du chef romain.

À La Cadière, la dirigeante écrit des lettres à tendance " roman-photo ". L'acropole est tenue.

Au Castellet, l'intendant demande qu'on capture de nouvelles esclaves (certainement lors de l'expédition punitive contre les Ligures).

e/ Reprise de Nikaïa et d'Antipolis
Lecture du 6 juin

Antipolis a été reprise. Dans la ville on célèbre la victoire au bastion de l'actuel fort Vauban. Les corps n'ont pas encore tous été enlevés.

À Nikaia l'attaque a commencé, frontale, face au cours Saleya. il y a des combats dans les rues, la ville est reprise rue par rue. Les Romains se réfugient où ils peuvent. Le bastion du château n'est pas encore repris.

Je le découvrirai plus tard, mais dans les jours qui ont précédé ces attaques, ils ont également dû reprendre Pergamention (Brégançon), Hérakléia et Athénopolis. Ce qui implique qu'il avait été pris par les Romains lors de la première vague donc, début mai.

Au port de Massalia, tous les navires sont armés pour être préparés à la guerre.

Hérakléia (Cavalaire, se dit normalement Hérakléia Caccabaria) semble avoir été reprise également, il y a eu une bataille navale en mer.

Athénopolis (st tropez) a été reprise aussi donc elle avait dû être annéxée par les romains dès le début.

Brégançon a dû être reprise également, j'imagine (pas de webcam).

À Nikaïa, finalement, le château est repris, les Romains survivants ont fui par le port en bateau.

Aux Embiez une fête est donnée en dessous du temple du Cougoussa.

À la tour fortin, le chef est inquiet, en attente de réponse Antipolis nikaïa, etc

À Bandol, les jeunes filles sont parties en bateau, pour leurs prétendants ? En conséquence, la dirigeante se retrouve seule. Il n'y a pas d'exécution ni de punition aujourd'hui, le corps du supplicié est toujours exposé, les esclaves travaillent toujours dans les champs, ils ont finalement pris le pli. La productivité est relancée.

À cytharista, il y a également des festivités, j'ignore de quoi, des rites religieux. Des échanges commerciaux par voie maritime sont effectués, le commerce reprend.

À Carcisis il y a une fête également. Pour savoir quelle type de rites pouvaient ils célébrer, J'ai fait une recherche et voici ce que j'ai trouvé, issu de la page Facebook " Prayers To The Gods of Hellas[7]"

---

[7] Page Facebook „prayers to the gods of hellas"(voir biblio.num.)

Publication de la page pour ce jour du 6 juin, et vous verrez, cela colle parfaitement sur certains points.

Aujourd'hui (6 juin), Hemera Dios (jour de Zeus - jeudi), à partir du coucher du soleil, coïncidera avec le trentième et dernier jour du mois de Thargélion.

"Marquez le jour qui vient de Zeus... et que le trentième jour du mois est le meilleur pour examiner le travail et distribuer les provisions".

- extrait d'Hésiode, Les jours et les œuvres

Le dernier jour de chaque mois, nous célébrons l'Heka kai Nea - "Ce qui est ancien et nouveau", également connu sous le nom de Deipnon d'Hécate.

Il s'agit d'une période de purification du corps mortel, de l'âme, des affaires et de la maison, organisée en l'honneur d'Hécate et des dieux kthoniens.

C'est une période de gratitude pour nos anciennes bénédictions et d'attente des nouvelles. Il est également conseillé d'effectuer des rituels de purification ce jour-là pour se débarrasser des miasmes accumulés au cours du mois précédent, afin d'être en mesure d'affronter le mois suivant sans pollution.

Dans la Grèce antique, les ménages accomplissaient ce jour-là un rite d'expiation consistant à introduire un chien dans la maison et à le faire caresser par tous les membres de la famille.

Les citoyens les plus riches se rendaient également aux sanctuaires d'Hekate situés aux carrefours pour y déposer des offrandes. Les offrandes étaient alors une bénédiction pour les pauvres qui les mangeaient.

"Demandez à Hékate s'il vaut mieux être riche ou mourir de faim ; elle vous dira que les riches lui envoient un repas tous les mois et que les pauvres le font disparaître avant même qu'il ne soit servi".

- extrait d'Aristophane, PlutusDes offrandes étaient également faites en l'honneur des morts le dernier jour et des gâteaux d'orge étaient préparés pour les offrandes à Hermès pour la Noumenia.

<u>À Massalia</u> la fête est célébrée également, mais elle est moindre, il y règne plus de retenue.

La population n'est pas sereine, certaines demandes, issues de leurs prières n'ont apparemment pas été accordés. Le Strategos a reçu ses armes. Ce sont des lances pour pouvoir armer les nouvelles recrues. On dirait que le cœur de Massalia bat à nouveau à fond, peut-être plus même qu'avant le siège.

Au fort extérieur de Massalia, les hoplites ré investissent complètement la place.

Normalement, historiquement, César doit être en Espagne avec ses légions pour combattre les forces de Pompée. Dans les petites villes, bourgade, autour de Massalia ils enterrent leurs biens qu'ils avaient au préalable cachés en prévision du retour des légions. Le mari de la prêtresse ne va pas bien après la mort de sa femme, il a quitté le temple.

Une nouvelle prêtresse a été nommée au grand temple, ce qui a dû précipiter certainement le départ du prêtre. Elle est complètement allumée, beaucoup plus jeune que sa prédécesseure. Elle effectue des danses pour les dieux en état de semi-transe dans les cérémonies, en faisant des incantations et tout ce qui va avec, le tout, toujours à moitié en sens divinatoire. Puis elle prépare ses potions, des drogues certainement, pour entrer dans des états de transe et voir, faire des divinations.

<u>À La Cadière</u>, c'est toujours la même romance, je pourrais très bien taire le sujet mais je trouve qu'il est intéressant de s'attarder sur les traits psychologiques de ces personnages antiques, et là pour le coup, nous avons une sorte de Madame Bovary antique. J'ai par plusieurs fois remarqué des similitudes avec des traits de notre civilisation contemporaine, comme quoi nous ne sommes pas tant éloignés de cette période de l'antiquité, l'humain reste l'humain. Donc c'est toujours pareil, elle écrit des lettres à de futurs prétendants j'imagine, elle rêve

d'amour etc, d'homme. On a trouvé la Bovary antique sans le mari donc. La cité s'oriente vers un retour de la productivité.

<u>Au Castellet</u>, le nouvel intendant grec massaliote commence à prendre la vitesse ambiante qu'inspirent ces lieux, en état contemplatif, méditatif face au paysage offert par cette place haute au coucher de soleil. L'expédition punitive n'est toujours pas revenue.

Souvent, après avoir fini ma boucle de lecture d'écho temporel, je reviens à Bandol pour des lectures plus précises, je me gare à côté du château et je lis.

La soi-disant entremetteuse, locataire actuelle du château, compte son argent. En fait, elle a vendu les filles. Cela devait être de jeunes filles jolies à qui on promettait un mariage sérieux et qui ont en fait été vendues, pour servir chez quelqu'un d'important dans un autre royaume, j'imagine.

Privé de la compagnie des jeunes filles, la vieille redevient ce qu'elle est : noire à l'intérieur. Elle pense à aller trouver d'autres prétendantes ailleurs qu'à Massalia de façon à ne pas éveiller des soupçons. Les filles sont dans un bateau et elles ont compris qu'elles ont été trompées, certainement parquées et privées de liberté.

Lecture du 7 juin

<u>À Antipolis</u>, les Grecs brûlent les corps issus de la bataille. Ils se disent qu'il va falloir faire venir des colons de Marseille pour recoloniser, repeupler la cité qui est vidée de tous ses anciens habitants, les légions de César n'ayant laissé aucun survivant lors de leur passage début mai. Les chefs grecs de la tour fortin sont à la place de l'actuel bastion du fort Vauban où tout a été nettoyé, les corps ont été enlevés et brûlés, etc.

<u>À NiKaïa</u>, les Grecs laissent quelques hommes pour garder la cité. D'anciens habitants qui avaient dû se réfugier dans les collines, montagnes environnantes, sont revenus, voyant que la cité a été reconquise. Il semble que les navires des Grecs ont poursuivi les fuyards romains vers Monoikos. Les webcams de Monaco ne fonctionnant pas, je suis privé de toute lecture…ça va gueuler au rocher.

<u>Aux Embiez</u> des passages sont effectués au temple de Perséphone puis des offrandes sont faites derrière ce dernier sur la zone prévue à cet effet, pour les personnes non importantes, commune. À la tour fortin ils sont en attente de nouvelles, mais ils restent sereins quand même.

À Bandol de nouvelles troupes sont arrivées en renfort par voie maritime. La trafiquante d'être humain se flagelle pour s'auto punir. Une fois qu'elle a fini, elle considère qu'elle a payé sa faute et se prépare à recommencer, comme un petit arrangement avec sa conscience.

Ayant les fréquences des filles, soit comme une adresse, je lis également leur sort. l'une d'elles n'a pas supporté le voyage, elle en est morte, les marins jettent son corps par-dessus bord.

À Massalia, ils n'arrêtent pas de faire des échanges avec les communautés aux alentours pour le renforcement et le réapprovisionnement de la cité. Les échanges maritimes reprennent également. Strategos est satisfait de son nouvel armement, il considère que ses défenses sont prêtes. La nouvelle prêtresse fait des prédictions pour des personnes aisées, presque l'ancêtre de Madame Irma en gros, comme un oracle. Au moment où elle se couche, le soir, elle se demande ce qu'elle fait dans ce monde de fou, elle pense ne pas être à sa place.

À Cytharista la cité est sereine et les échanges maritimes reprennent également.

À Carcisis, ils célèbrent encore quelque chose.

À La Cadière une fête est célébrée également au temple d'Eurydice et celui d'à côté qui se trouve sur une sur zone privée que je n'ai pas pu encore cartographier. Vu l'activité qui y règne selon les fréquences résiduelles ravivées dues à l'écho temporel, le sanctuaire est beaucoup plus grand, comme je le pensais, soit il s'étend sur une bonne partie de la crête. Notre Bovari antique reçoit un prétendant et arrive finalement à ses fins. Donc Carcisis et La Cadière ont célébré une fête seulement le lendemain. À la Cadière, au sanctuaire, les célébrations ont été faites, évidemment, avec beaucoup de musique et de musiciens.

<u>Au Castellet</u> les troupes sont finalement revenues de l'expédition punitive avec de nouveaux esclaves. Quatre ou cinq femmes sont prévues pour l'intendant. Il en essaye une le soir même, elles sont jeunes, apparemment il ne pense qu'à ça. C'est un harem avant l'heure, il considère ces femmes comme des trophées qui honorent sa personne. Evidemment, l'expédition punitive s'est faite sur un petit village ou camp, sans risque majeur pour les assaillants. L'intendant aime avoir la compagnie de toutes ces femmes en même temps.

Le nombre d'esclaves à l'Acropole, réuni pour effectuer les travaux commence à devenir confortable.

Lecture du 8 juin

À Antipolis, des habitants de Nikaïa sont venus pour repeupler la ville. Les dirigeants massaliotes qui étaient dans la tour fortin de Tauroeïs sont toujours dans le bastion de l'actuel fort Vauban.

À Nikaïa effectivement le nombre d'habitants reste minimum. Antipolis semble prioritaire.

À Hérakléia la cité est sereine. Première chose à faire, le retour des esclaves, soit le fioul de la cité. Ils sont débarqués et passent de rameur à homme à tout faire.

Aux Embiez les nouveaux habitants venus de Massalia commencent à apprécier la prison dorée qu'est la forteresse ville de Tauroeïs, le temple de Perséphone est toujours autant sollicité.

Une mauvaise nouvelle est arrivée à la tour fortin : qu'à Antipolis les Romains n'avaient laissé aucun survivant ?

À Bandol trois nouvelles filles sont arrivées dans le piège de la trafiquante d'être humain qui vit dans le château, soit la place du chef de la cité. Elles sont venues d'elles même en étant pré recrutées. La matrone, appelons là ainsi, est devenue encore plus mauvaise, gonflée par la réussite de son entreprise et son apparente insoupçonnabilité. La vie dans la cité s'intensifie.

À Massalia les navires ont quasiment fini d'être armés, transformés en navires de guerre.

Des jeux sont organisés avec pour but de pousser les hommes à un entraînement maximum, agilité, combat, tir à l'arc, etc, pour gonfler le moral des troupes. Le grand gagnant des épreuves, soit le champion, a le droit de combattre un prisonnier romain qui avait dû être capturé après le bombardement défensif du 30 mai, ayant été certainement blessé et immobilisé par ce dernier. Une fois vaincu, le champion le décapite et brandit sa tête au bout de sa lance. La foule l'acclame et tout le monde se laisse aller à des cris de fougue guerrière.

La nouvelle prêtresse se déplace chez quelqu'un d'important, une femme, pour faire une divination. De retour au temple on lui dit d'avoir plus de retenue dans ses danses, ses transes, ses divinations, car elles ont effrayé des fidèles qui ne viennent plus au temple du fait.

Au fort extérieur de Massalia, la cité a été renforcée, elle est prête maintenant à recevoir un assaut et à se défendre.

Le chef de la muraille, le Strategos, est confiant pour la défense de sa ville.

À Carcisis ils semblent également prêts pour recevoir un assaut, ils sont résignés.

À Cytharista la pêche a repris. On dirait qu'ils s'organisent à plusieurs sur la côte pour rabattre le poisson vers des pièges à poissons. Les récoltes ou objectifs de production sont encore éloignés.

Au Castellet, l'intendant ne se lasse pas de ses cinq femmes. Il se moque d'elles parfois, se trouve supérieur à elles, leur reproche de ne pas être évoluées, en même temps ce sont des jeunes ligures. Il les mange psychologiquement et physiquement (rapport sexuel).

À La Cadière, le nouvel amant de notre Bovary antique est resté, car il est intéressé matériellement par la position que lui offre cette union. Elle le présente à ses convives, ils partent ensemble à cheval pour visiter le domaine ou les esclaves travaillent, ils passent dans les champs à cheval avec les esclaves qui travaillent à côté…

Lecture du 9 juin

Aux Embiez, une mauvaise nouvelle est arrivée au fortin, la ville s'y était préparée.

À Bandol la matrone commence à devenir folle et les nouvelles prétendantes commencent à la trouver bizarre. La ville fonctionne normalement, les esclaves sont à leur place, etc.

À Cytharista ils n'ont pas l'air encore atteints par la mauvaise nouvelle.

Massalia et Carsicis étant invisibles à cause de mauvais temps ce jour-là je n'ai pu effectuer aucune lecture.

À la Cadière, les deux tourtereaux roucoulent le parfait amour. Il fait le petit chien, cède à toutes ses exigences et projections du couple en espérant un mariage pour s'accaparer des terres.

Au Castellet l'intendant a exclu deux filles, il lui en reste trois avec lesquelles il est quand même assez rassasié. Celles qui sont restées ont peur, car elles ne savent pas ce qu'il est advenu des deux autres filles. Peut être un retour au champ avec les autres esclaves j'imagine, sans avoir d'information à ce sujet. L'intendant semble être parti en excursion.

À Bandol la matrone commence réellement à devenir folle donc, elle ne tient pas le coup on dirait, peut-être s'agissait-il de son premier forfait.

En fait, les filles sont envoyées dans des royaumes lointains dirigés par des rois barbares. Une fois qu'ils ont fini de s'amuser avec elles, car ils veulent vraiment être les premiers, ils les revendent ensuite également et elles descendent de classe sociale en classe sociale. Ces rois ont des mines d'argent et de l'or, et il n'y a pas la même valeur. Ce qui fait que les échanges sont très fructueux.

Lecture du 10 juin

<u>À Antipolis</u> la vie reprend, ils se rétablissent sans les esclaves qui sont en nombre insuffisant. Les dirigeants massaliotes sont partis de la place forte.

<u>À Nikaïa</u> les chefs massaliotes sont arrivés pour inspection, car cette dernière va servir de base militaire uniquement, semble-t-il.

<u>À Hérakléia</u> une attaque ligure a rasé tout ce qui avait commencé à être reconstruit, étant en nombre insuffisant. Cela devait être ça, la mauvaise nouvelle arrivée au fortin.

<u>À Olbia</u> la cité est restée grecque, j'ignore pourquoi, mais elle n'a pas intéressé les Romains, (ils n'ont pas réussi a débarquer je crois lors de la première vague d'attaque début mai) juste une petite attaque marine en bas du tombolo, mais Olbia a dû bien se défendre (présence d'une seconde griffe d'archimède ?)

<u>À Massalia</u> au port, la flotte est sortie. Peut-être veulent-ils empêcher César de monter sa flotte.

<u>Aux Embiez</u> la ville est sereine. À la tour Fortin, à la grande muraille, tous s'entraînent, revue des troupes, etc.

Enfin c'est pour se rassurer, car ils ont peur. Certainement à cause de l'attaque ligure (cannibales) d'Hérakléïa.

À Massalia, la ville retrouve la peur. Les bourgs aux alentours se vident. Ils commencent à essayer d'organiser la cité pour un fonctionnement en autarcie. Les légions reviennent apparemment, elles ont été annoncées.

Le Strategos se sent prêt mais ses jambes tremblent quand même. La muraille est prête, les munitions, armes ainsi que les hommes etc. Au port les bateaux sont rentrés mais ils n'ont réussi à rien faire apparemment.

La nouvelle prêtresse n'a pas supporté les nouvelles restrictions qu'on lui imposait au temple et est partie. Je lui donne ma palme des personnages que j'ai pu trouver dans les échos temporels. Elle remonte seule, à pied vers Avignon (Aouenion au temps des massaliotes). C'est une femme, on est à l'Antiquité, elle est seule sur la route, elle a les légions de César qui arrivent à gauche, les Ligures à droite, et elle s'en fout complètement. Elle marche seule, juste un cheval la bouscule sur la voie romaine, elle crie après le cavalier. C'est la personne la plus rock'n'roll du récit, il y a un film entier à faire rien que sur elle. Au temple une autre prêtresse a été nommée, plus vieille, plus conventionnelle. Les gens profitent de ces derniers jours de fausse paix, ils savent que ça ne va pas durer. Comme les soldats, la population est prête à subir le siège également.

À Cytharista ils ne sont pas rassurés non plus, ils s'attendent au pire.

À Carcisis, ils croient toujours qu'on ne va pas s'intéresser à leur petite cité.

Peut-être César a t'il appris que les comptoirs grecs ont été repris.

À La Cadière sachant que César arrive, notre Bovary antique, décide de partir en bateau et de laisser donc l'exploitation, etc, peut-être pour un retour en Grèce ou autre et demande à son nouvel amant de la suivre. Il refuse, car il n'y avait que les terres et les richesses de son amante qui l'intéressait. Du coup se sentant trahie, cette dernière devient très obscure intérieurement, elle écrit à son ancien amant soldat pour qu'il le tue contre une somme d'argent, soit un contrat, son amant étant déjà parti. La cité se prépare au siège et à se défendre, mais progressivement, sachant que César est encore loin.

Au Castellet l'intendant pense à partir également, il est à moitié décidé, lui par contre a très peur. Il oublie son stress sur ses maîtresses esclaves. Je ne sais pas ce qu'il était avant mais quelques jours de pouvoir l'on rendu complètement ignoble. Son monde s'effondre, il fait des crises d'angoisse, ne se sent pas bien et demande à ses esclaves de le laisser seul et s'endort.

<u>À Bandol</u>, comme les filles commençaient à se douter de quelque chose, elles se sont rebellées. La matrone les a faites attacher, droguer, et prostituer. Elle les punit de l'avoir selon elle, maltraitée et comme elles sont perdues pour la vente , elle essaie d'en tirer le maximum de profit.

f/ Le retour de l'ombre ligure

Lecture du 11 juin

Antipolis a subi une attaque ligure massive. La cité est renversée. Ceux qui pouvaient sont partis en navire, abandonnant la cité.

À Nikaïa la position est stable

À Olbia la cité subit une attaque ligure également. Les Ligures savent que les Romains ne protègent plus les Grecs et qu'ils sont ennemis, du coup ils en profitent.

Au Brusc, au bastion sud, quelqu'un reçoit une gratification. En ville, les gens sont déçus. Certainement de la perte d'Antipolis, Hérakléia, de l'attaque d'Olbia et de l'arrivée de César. Certains veulent partir.

À Bandol la matrone engrange de forts revenus, elle se rend compte que c'est beaucoup plus rentable. Les filles sont hagardes, elles sont retournées pour que les hommes ne s'en rendent pas compte. Dans la ville cela se sait et certains projettent de futures visites.

La matrone sort du noir de sa conscience avec son nouveau profit, pour fuir son auto-jugement elle se raccroche aux gains.

À Massalia une grande Procession est donnée dans la ville, une effigie dédiée à je ne sais quelle divinité (à Niké peut-être, déesse de la victoire) passe dans la foule, élevée par des porteurs. Ils font le tour de la ville avec, du moins les rues principales, pour demander la victoire ou la survie. Massalia est pleine d'espoir, elle s'en remet aux dieux. Le port est fermé. Il devait y avoir un mécanisme de fermeture.

Ils font creuser une tranchée avec des bœufs devant la muraille et ils mettent je ne sais quoi dedans (certainement du goudron). Le chef de la muraille n'est pas rassuré, effondré même. On lui a amené les têtes de certains de ces capitaines ou de valeureux soldats, d'une autre cité qui serait tombée, j'ignore laquelle (Avignon, Fos?), par un romain. Peut-être sait-il aussi que César revient avec trois légions soit deux de plus pour l'attaque que la dernière fois.

À Cytharista, il y a une attaque ligure également. Certains plongent dans la mer tellement ils ont peur d'être dévorés, mais la cité tient.

À Carcisis la cité n'est pas attaquée.

À La Cadière, vu l'attaque ligure de Cytharista, la Bovary antique est résignée à rester. Étant seule, elle regrette d'avoir fait assassiner son ancien amant. La cité est prête à faire face, mais ne se sent pas en danger, bizarrement.

<u>Au Castellet</u> la cité se retranche dans ses murs également. L'intendant devient fou, il s'effondre sur lui-même. Il a peur du moindre bruit, semble perdre la raison. Un ou deux soldats ont fui en passant par-dessus le rempart à l'aide de corde ou autre, abandonnant leur uniforme, pensant qu'ils auraient plus de chance en étant isolés dans la forêt. Les habitants des deux cités ne sont pas extrêmement effrayés, car ils n'ont pas conscience du danger réel qu'ils courent dans les murs de la cité, n'ayant jamais été confrontés auparavant à une attaque dans ces lieux. Derrière leurs remparts, ils pensent être à l'abri.

4

Deuxième siège romain de Massalia

Reprise progressive romaine des comptoirs grecs

a/ Un blocus invisible

Lecture du 12 juin

<u>Aux Embiez</u> mauvaises nouvelles sur mauvaises nouvelles à la tour fortin, les hoplites de la muraille et du bastion sud sont également affligés, l'humeur ambiante est au noir. L'espoir s'est définitivement éloigné. En ville, les nouveaux habitants massaliotes sont bien contents d'être protégés dans l'enceinte de la ville forteresse finalement. Des cérémonies pour les défunts sans corps sont données au temple de Perséphone.

<u>À Cytharista</u>, les Ligures ont escaladé les murailles pendant la nuit, mais ils ont été anéantis par les pièges et autres. Ceux qui ne sont pas entrés dans la muraille ont pu fuir. Les Grecs sont surpris de leur victoire rapide. Au port, des navires ont pu ravitailler la cité et partir apparemment.

À Massalia César ou ses légions sont là, mais ils n'attaquent pas, ils vont directement se positionner devant Massalia, mais pas aussi prêt que la dernière fois évidemment. Ils installent leur camp, ils sont rouges de rage. Ils veulent intimider la cité, le blocus terrestre est effectif.

Les Grecs en profitent pour faire partir ou faire rentrer les derniers bateaux. Le Strategos ordonne des rondes croisées permanente sur la muraille, de façon à éviter tout passage d'espions, ou toute intrusion qui pourrait ouvrir ou saboter les portes. La nouvelle prêtresse incite au calme les fidèles qui sont paniqués. César échafaude ses plans sur ces cartes et réfléchit seul dans sa tente. Il y a apparemment des pourparlers (César devant Marseille guerre civile livre 2, fait mander les 15 dirigeants ?), mais la cité se méfie. L'accès aux légions est refusé mais pas à César, comme il est dit dans les textes (Lucain la Pharsale). Malgré tout, la cité se sent forte, elle savoure ses derniers jours, heures de paix.

La prêtresse qui était partie du sanctuaire s'offre une vie autarcique dans les bois.

Carcisis est ravitaillé.

À La Cadière l'attaque ligure ayant échoué, notre Bovary antique a pu partir par bateau à Cytharista, elle a donné ordre de garder la cité.

Au Castellet, l'intendant est devenu à moitié fou à cause de la peur. Il est resté, mais il délire, il est dans un état lamentable.

À Bandol, une des trois filles est morte d'épuisement ou autre. Les deux autres filles pleurent, la matrone est devenue tellement ignoble que je n'arrive même plus à lire ses fréquences tellement elle me fait vomir. Elle attend de nouvelles filles et a de nouveaux projets.

Lecture du 13 juin

Aux Embiez une cérémonie est faite pour un chef défunt, peut-être lors des attaques d'Antipolis ou autres. La grande muraille est très triste. Le corps est d'abord exposé en ville pour tout le monde afin de recevoir les derniers adieux du peuple avant de le monter au temple de Perséphone. Il semble que sa mort ait été causée par une flèche ligure sur le repli.

À Bandol quelqu'un a dénoncé les agissements de la matrone, les filles ont été libérées. Elle a été condamnée à l'esclavage. Quelques hommes ont également été punis. L'ancienne place de la matrone est occupée par quelqu'un qui n'y a pas droit normalement, mais qui profite du lieu, peut-être un serviteur.

Voici pourquoi j'ai décidé de vous narrer l'histoire de la matrone quasiment entièrement. C'est pour vous montrer un des aspects de la justice antique que j'ai trouvé à travers les échos temporels. À l'antiquité il n'y a pas de dossier centralisé des délits et autres, ni de listing de délinquant ou autre, encore moins de descriptif physique. Non il n'y a qu'une marque que l'on vous fait certainement au fer rouge quand vous devenez esclave et qui vous suit à vie. Vous pouvez très bien changer d'endroit, ainsi on ne saura jamais ce que vous avez fait, ni personne ne vous reprochera vos délits, par contre vous perdez votre citoyenneté et vous êtes esclave à vie. Au lieu de vous tuer, on se sert de votre corps jusqu'à la fin de votre vie. Vous devenez un objet.

<u>À Massalia</u> les Romains brûlent (tout est sous ordre de César maintenant) tout autour de Massalia, végétation, etc, pour signifier la colère de César ? César veut offrir un spectacle de terre brûlée, de ténèbres à leurs yeux, de plus en brûlant tous leurs champs, ils détruisent toutes leurs possibles ressources post siège. Cette foi-ci, il n'y a quasiment personne à kidnapper, toutes les personnes des exploitations environnantes sont entrées dans l'enceinte de la cité. Le Strategos attend, il ne tente aucune sortie, il attend l'attaque de son ennemi, il reste dans la muraille en position forte. Les légions ne

sont toujours pas visibles, cachées derrière les collines. César attend, laisse encore quelques jours de réflexion aux Massaliotes.

La prêtresse du grand temple s'éternise dans des célébrations, demandes, prières, etc. Des éclaireurs, espions romains, font des repérages sur le fort extérieur de nuit, ils passent à côté des gardes furtivement sans être vus, pour tenter de faire un décompte dans la cité. Des gardes n'ont entendu qu'un léger bruit.

La majorité de la flotte est sortie et garde les îles du Ratonneau. Quelques navires sont partis encore pour emmener ceux qui souhaitaient quitter la ville avec leur famille etc.

<u>À Cytharista</u> la cité est sereine. Il y a beaucoup de départs également, d'échange par voie maritime. Les militaires qui restent à terre par contre ont peur.

<u>À Carcisis</u> les échanges affluent également, ils profitent tous de leur capacité de mouvement par voie maritime avant un potentiel blocus. Des troupes sont débarquées à la cité et vont à Cytharista à pied.

<u>À La Cadière</u> un camp ligure s'est installé sur la crête, au niveau du sanctuaire des temples dédiés aux divinités ayant un rapport avec la musique. Un camp massif, ils ne se cachent pas. Ils veulent impressionner, faire naître la peur chez l'adversaire.

Quelques soldats désertent, ils sont abattus d'une lance dans le dos. Du coup, ils tiennent tous leurs positions, mais avec la peur au ventre.

<u>Au Castellet</u>, subissant trop d'angoisse et de stress, l'intendant est dans une semi-conscience, alité, presque comateux. Un messager part pour Cytharista pour prévenir de la présence du camp ligure.

<u>Embiez</u> lecture sur place.

C'est bien un des chefs qui est mort, durant les raids d'Antipolis, d'une flèche de ligure donc, semble-t-il.

<u>À la Tour fortin</u>, tous les hommes sont abattus par la perte de l'un de leurs dirigeants donc. Les femmes pleurent également, etc.

b/ L'entrée surréaliste dans tous les comptoirs Grecs de la flotte de Domitius

Lecture du 14 juin

<u>À Antipolis</u>, il semble que la flotte de Domitius soit entrée dans le port. À la vue du nombre impressionnant de navires, les Ligures sont partis sans combattre. C'est maintenant la partie hollywoodienne du récit, déjà que. (il faut rappeler que les échos temporels sont faits de fréquence résiduelle de fréquence émotionnelle forte, ce qui explique le caractère parfois mélodramatique de l'écho) En fait, les

hommes de Domitius arrivent en masse dans quasiment tous les comptoirs, pratiquement le même jour ou sur deux jours et rétablissent la situation. (il s'agit bien de Domitius, j'ai attendu l'arrivée de Nasidius le 28 juillet pour être certain qu'il ne s'agissait pas de lui vu l'importance de la flotte décrite dans les textes soit 18 navires, or la flotte de Domitius semble être bien plus importante. César dans son texte à l'air de diminuer Domitius, allié de Pompée, son ennemi, afin de lui laisser une trace peu importante dans l'histoire, comme une sorte de mépris. Cela fait un peu comme la cavalerie qui arrive au secours des Grecs au moment où, en essayant de se redresser, les Ligures en profitent pour essayer de leur assigner un coup fatal, par endroit d'ailleurs, ils arriveront malheureusement à leur fin. Il faut bien comprendre que depuis 600 ans, les Ligures ont perdu progressivement leur accès à la pêche, et aux terres ou leurs ancêtres étaient enterrés ou ont vécus. Même si la victoire de -154 av J.-C de Quintus Opimius[8] a, sur le papier, fait taire les Déciates et les Oxybiens (Ligures de la vallée de la Siagne) par la défaite, on voit bien qu'ils sont toujours présents et que dès la possibilité leur ait donné, soit un signe de faiblesse ou un abandon de l'aide des Romains, ils en profitent directement pour essayer d'en finir avec les Grecs. En ce qui concerne Domitius, la suite

---

[8] Arbre celtique "terrtoire Oxibiens et Deceate cédé à Massalia"

montrera que cela n'a pas été aussi hollywoodien et que l'histoire va reprendre un cours d'évolution bien réaliste. Mais c'est quand même intéressant, les Domitiens comme je les appelle pour ne pas répéter les hommes de Domitius à chaque fois, on un aspect psychologique bien particulier, touchant parfois l'irréel, mais c'est une note supplémentaire à ajouter à ce tableau de l'antiquité fait par les échos temporels recueillis de cette saison 49 av J.-C. À ce propos, pourquoi suis-je témoin de cette année-là et pas des autres ? Je pense que c'est parce que c'est la dernière à avoir imprimé les fréquences résiduelles, ensuite il y a eu l'ère romaine et les fréquences sont beaucoup moins fortes, mais ce n'est qu'une supposition, à rappeler qu'en temps de paix les fréquences laissées sont très faibles et que je suis par ce fait du coup quasiment aveugle.

Les Domitiens arrivent également à Nikaïa.

À Olbia aussi, les Ligures avaient poursuivi les Grecs qui s'étaient retranchés sur la presqu'île de Giens actuelle, les Domitiens les ont bloqués sur cette péninsule en prenant la partie supérieure du tombolo. Les Romains du courant politique Optimates, opposé à César donc, hommes de Domitius, amis de Pompée, ont repris la ville entièrement. Pas de survivants du côté des Grecs ou très peu sauf ceux qui ont pu se réfugier sur la presqu'île. Des Grecs s'étaient alors jetés à l'eau en ultime recours pour échapper aux Ligures, ils étaient devenus du coup la proie de leurs archers. Olbia a donc été quasiment rasée de sa population par les Ligures et non les Romains de César.

<u>À Hérakléia</u>, c'est également une arrivée de troupes massives par voie de mer.

Idem à Cytharista, je ne comprends pas comment une vague de bateau aussi importante peut arriver simultanément. Quelques personnes embarquent dans les bateaux Domitiens pour aller avec eux à Massalia. C'est l'entente cordiale, les Grecs massaliotes sont ravis, évidemment.

Temps couvert à Marseille, la ville était bouchée par des nuages bas, je n'ai pu faire aucune lecture. Heureusement que la région est régulièrement ensoleillée sinon mes relevés aurait eu le même sort que Monaco et ces webcams qui ne fonctionnaient pas.

La webcam du vieux port de Marseille a pu me donner la même information, une vague massive de bateaux Domitiens, également.

<u>Au Castellet</u>, l'intendant est mort, la cité ne sait pas quoi faire.

<u>À La Cadière</u> une troupe armée Domitienne a fait fuir le camp ligure de par son mouvement en sa direction. Dans la cité, ils sont rassurés.

À Bandol, la cité est également baignée par les Domitiens, nouveaux arrivants. Au château, les appartements des chefs sont occupés par des personnes de haut rang, homme et femme, je pense qu'il s'agit de Domitius et de sa femme.

Puis je suis allé aux Embiez sur place pour vérifier et faire une lecture précise des nouveaux arrivants. Ils ne parlent pas la même langue, donc c'est vraiment les romains de Domitius, mais c'est la crème et la puissance en même temps. Ils sont vraiment nombreux, ils sont arrivés sur tous les comptoirs quasiment en même temps à un jour près, c'est à ne rien y comprendre.

À la Tour fortin, le chef Massaliotes et Domitius discutent, font des plans, parlent d'assurer des positions etc. Ils font des accords, s'entendent sur des partages, des terres, ressources, etc. Des contrats sont conclus entre les deux parties. Le chef grec prie un peu après l'entrevue pour que ça marche. Les accords commerciaux et autres sont donc faits entre Domitius et le chef massaliote.

Notre prêtresse rock'n'roll dormait dans les arbres, se lavait à la rivière. Se nourrissant de ce que lui donnait la forêt. Dans la nuit elle a pris froid, malade elle retourne à la civilisation pour trouver soin et chaleur.

Lecture du 15 juin

À Antipolis, les Romains de Domitius s'installent et tiennent la position.

Au Port de Massalia il y a un mouvement de flotte, soit la moitié de la flotte est sortie

Nikaia est restée grecque

À Olbia la position et la ville sont tenues par les Domitiens. Quelques rares Grecs locaux ont survécu à l'attaque ligure, ces derniers ayant tué pratiquement tous les habitants.

Il semble que les Ligures se soient réfugiés dans un camp à la pointe ouest de la presqu'île de Giens.

Athénopolis n'a eu aucune attaque de la part des Ligures.

Aux Embiez, le contrat qui a été passé avec Domitius est trop exigeant. Les Massaliotes considèrent qu'ils ont été lésés, mais ils n'avaient pas le choix. C'était le prix à payer pour une sécurité immédiate, ensuite une fois la paix rétablie, ils aviseront et changeront certainement d'accords.

Certains se préparent pour une nouvelle excursion d'attaque. La ville est sereine. Les Domitiens évaluent la cité, font des repérages. Une visite de courtoisie est organisée au sanctuaire de temple du mythe de Persée pour Domitius et sa femme, accompagné de leurs gardes. Sa femme est ravie alors que Domitius et ses soldats ne présentent aucun intérêt à cette visite. Les autres soldats de Domitius restent en ville, ils n'ont pas accès à la grande muraille défensive. Des cérémonies funéraires sont toujours données au temple de Perséphone. À la tour fortin, plus tard, le chef massaliote rumine un plan de sortie de cette alliance trop coûteuse.

À Massalia il y a un mouvement de troupe romaine vers l'est, certainement une légion. Le feu a tout mis à découvert autour de la cité, personne ne peut sortir sans être vu. Le Strategos de la cité est pris par un sentiment de dégoût, il n'y a aucun combat et pourtant le blocus est effectif. Sortir de la cité revient à s'exposer et à être anéanti. C'est une guerre d'attente, ancêtre de la drôle de guerre. Le grand temple est vidé, ils attendaient un dénouement rapide suite à leur prière, et rien n'est venu. La cité a bien été réapprovisionnée, personne n'a faim, le port est toujours ouvert, la mer est aux Massaliotes. Ne connaissant pas la stratégie de César, quelques catapultes ont été ramenées le long de la muraille sud. César compte sur sa flotte.

À Carcisis, les soldats ont peur que le mouvement de troupes romaines se rabatte sur eux, mais il ne fait que passer.

À Cytharista les Domitiens viennent prendre leur dû, les hommes de Cytharista trouvent que c'est beaucoup, mais c'est le prix de la sécurité. Toutes les denrées, tributs, sont embarquées en bateau.

À la Cadière, le camp Domitien est resté en position de garde en face du sanctuaire.

En fait, la légion arrive, elle passe sur le plateau du Castellet, les hommes entendent un " brouhaha " impressionnant au loin.

Au Castellet, ils ont peur, comme à la Cadière, mais pour l'instant ils voient la légion seulement passer. La mort de l'intendant est déjà de l'histoire ancienne, il a été inhumé du fait qu'il semblait souffrir d'un mal étrange et inconnu. Tous les occupants de la cité sont terrorisés du passage de la légion. Un ou deux fuyards n'hésitent pas à sauter du rempart pour aller se cacher en forêt et espérer survivre en cas d'attaque des Romains.

c/ Tauroeïs et le gouvernement Massaliotes ciblés : une légion pour les fortifications de la bande côtière de Tauroeïs et une attaque éclair de troupes d'élite pour la forteresse des Embiez

Lecture du 16 juin

À Antipolis, les Domitiens sont sur place, quelques Grecs reviennent et trouvent leur ancienne maison occupée. La cité est Domitienne.

À Athénopolis les Domitiens sont également venus, pour garantir la sécurité selon l'accord conclu avec les Massaliotes.

À Olbia, des Grecs massaliotes sont revenus occuper la ville, mais en tout petit nombre.

Certains sont venus voir s'ils pouvaient retrouver leurs proches, il y a des pleurs, etc. Les Ligures sont toujours rabattus vers l'ouest de la presqu'île.

À Nikaïa la situation est normale

Aux Embiez, soit à la forteresse ville de Tauroeïs, la muraille défensive subit une attaque. Il semble que les assaillants veulent prendre le bastion sud par l'intérieur, soit en passant par le dédale. Je pensais alors qu'il s'agissait potentiellement des Domitiens, que leurs accords avec les Grecs n'avaient pas tenu, or vous verrez ce qu'il en était plus tard et c'est surprenant.

À Bandol, la ville se coupe en deux du fait de la différence de langage déjà, elle se scinde en deux clans, les Domitiens sont du côté château, soit la partie fortifiée, et les Grecs sont du côté nord. Les Grecs restent méfiants.

À Massalia, César essaye de ruser. Il essaie de faire entrer des émissaires pour parlementer, mais ce sont également des espions en reconnaissance. Ils sont refoulés aux portes sans qu'il ne soit fait aucune atteinte à leur personne (plus tard je penserais qu'il s'agissait plutôt d'émissaires envoyés par César pour demander la reddition des Massaliotes suite à la défaite de la bataille navale). Strategos tient sa muraille de pieds ferme, il exige un contrôle de toutes les positions, tous les hommes doivent être prêts au combat à tout moment, aucun d'entre eux ne doit relâcher son attention.

Les Domitiens se répandent dans la cité et viennent compléter la muraille.

Au Grand Temple une certaine tranquillité est revenue. Du fait de ne pas voir la guerre, les prêtres se relâchent et mènent une vie normale, pensant presque qu'il n'y aura pas d'assaut.

César attend des nouvelles de la légion qui est partie à l'est, il ignore le fort extérieur pour l'instant. Le camp des légions est tranquille, ils savent qu'ils sont là pour longtemps.

Suite au refus des émissaires, quelques divisions romaines s'avancent juste pour faire face aux murailles. La limite de sécurité étant leur ancien camp, ils savent les marques à ne pas dépasser. Ils attendent un moment puis repartent au camp. Il s'agissait d'une manœuvre juste pour intimider. Les hommes sur la muraille rient. Les Romains effectuent alors un tir de catapulte avec un élément léger et ils touchent un endroit voulu très précis de la muraille. J'ignore lequel, mais la précision impressionne. Les soldats de la muraille reprennent leur sérieux, frappé de stupeur. En conséquence un rassemblement est réalisé pour revoir la défense, consolider les points faibles atteignables par des tirs précis.

<u>À Cytharista</u>, les Domitiens ne sont pas restés, ils ont pris leur dû et sont partis, du moins les bateaux remplis de denrées.

<u>À Carcisis</u>, les soldats restent sur leur garde.

Le fort extérieur de Massalia est plus que tranquille, il ne se passe strictement rien.

<u>À La Cadière</u>, les Grecs ont donné l'autorisation aux Domitiens d'occuper la crête soit à côté du sanctuaire de temple dédié aux divinités de la musique.

Du coup la propriétaire de l'exploitation et du domaine (la Bovary antique) étant toujours absente, quelques musiciens se sont autorisés une petite fête dans la salle de réception (pensant que ce serait la dernière).

Les Grecs sont bien contents que la légion se ne soit pas venue pour eux, mais ils ne sont pas rassurés pour autant. Cette dernière a contourné les acropoles en passant par le plateau du Castellet (voir plan p318) et scrute les limites, car ils veulent assiéger Tauroeïs ou César sait qu'il y a la tête gouvernante des Massaliotes.

<u>Au Castellet</u> ce sont les mêmes sentiments qui règnent, soit ils ne sont pas rassurés, mais bien contents que la légion soit passée et ne les ai pas attaqué. Des espions partent du Castellet pour regarder ce que font les Romains, décision prise par la garde de l'Acropole. Ils veulent également envoyer des espions en direction de Massalia afin qu'ils vérifient si les Romains n'ont pas fait de dégâts sur la route qu'ils ont empruntée, soit les cultures certainement. En attendant qu'un nouveau gouverneur soit nommé, quelques personnes profitent des appartements de l'ancien maître.

Au front nord de Tauroeïs soit la barre de colline du gros cerveau au Mont Caume, la légion a pris position face au mur de falaise derrière les collines et des éclaireurs-espions sont envoyés pour repérer les positions, camouflés avec des branches, des feuilles etc. Ils butent sur les falaises et les premières fortifications. Il n'y a aucun passage sauf à côté du gros cerveau, soit au même endroit où les Ligures avaient perdu tous les hommes de leur attaque pour s'être engouffrés dans le couloir bourré de pièges ou seuls ceux qui étaient restés en position arrière avaient survécu. Au fort de vigie du Gros Cerveau, les Grecs de Tauroeïs sont inquiets. Ils ont peur. Une légion romaine c'est impressionnant, soit 6000 hommes. Au Fort du Mont Caume un messager est envoyé pour la forteresse des Embiez. Un Tribun est présent pour gérer l'attaque. Un messager est envoyé à César pour le prévenir de la situation. Les Romains sont dans l'attente de sa réponse.

lecture précise sur place

<u>Aux Embiez</u> une attaque a bien eu lieu, par voie maritime, ils ont réussi à passer la chaîne de blocage de la baie (un commando pour l'ouverture, vu le lendemain seulement en plein jour) et arriver jusqu'au port, l'attaque a été stoppée nette au pied du bastion sud à la fin du dédale. L'attaque a-t-elle eu lieu de nuit au clair de lune ?(soit la soirée du jour précédent) Il y avait deux, trois galères, des mercenaires d'élites de César. À la tour fortin, le chef grec est sorti crier sur la terrasse qu'ils n'avaient aucun honneur et qu'ils attaquaient non de front comme des lâches.

Ils avaient dû prendre des galères grecques et être déguisés en Grec pour pouvoir naviguer tranquillement jusqu'à la destination (des galères prise aux Grecs lors de la bataille navale, ce que je comprendrais plus tard, la mer étant redevenue sous domination grecque, les Romains n'ont pu attaquer qu'en se faisant passer pour des Grecs dans un premier temps pour l'approche).

J'ignore comment ils ont cassé la chaîne. Ce qui favorise l'idée d'une attaque de nuit donc. Y avait-t-il donc un clair de lune ce soir-là ? Car sinon la luminosité est vraiment insuffisante et dangereuse pour la navigation de côte.

<u>À la tour fortin</u>, une garde rapprochée de beaucoup d'hoplites, au moins quarante, est présente pour entourer et protéger le chef. Ils restent pour le cas où il y aurait des infiltrés solitaires. L'attaque a dû se passer la nuit certainement, j'avais vu seulement fréquences de bataille en plein jour et ce type d'attaque n'a pu être réalisé que de nuit, je pense. La tour fortin est emprise d'une forte paranoïa, la peur donc, qu'un assassin isolé se serait caché, attendant une occasion pour tuer le chef.

Lecture du 17 juin

<u>Aux Embiez</u> une célébration religieuse importante est donnée au temple d'Artémis du sanctuaire. Il semble avoir eu des problèmes au grand Gaou. En fait je ne l'ai vu que ce jour, mais l'action a dû se passer en même temps que l'attaque de la muraille des jours précédents. Un bombardement incendiaire a eu lieu via les galères romaines au grand Gaou, soit la passerelle et la partie sud de la ville fortifiée. Une attaque sans résultats probants, seulement des dégâts. Il y avait une volonté d'incendier la ville,

deux, trois galères également, pour faire diversion et laisser plus de chance à l'attaque de la muraille. Les derniers assaillants de l'attaque sont bloqués dans le dédale en dessous du bastion sud, soit dans le final du dédale. Une fois que les assaillants se rendent compte que l'accès au bastion sud est impossible, ils se rabattent sur ce qui leur semble être une issue dans le dédale et qui n'est qu'en fait qu'un cul-de-sac. Ils sont alors acculés et ne peuvent faire demi-tour sous peine de repasser devant un flux de tirs mortels. Bloqués dans leur retranchement, ils sont tellement virulents que les Grecs ne tentent même pas de les attaquer, ils préfèrent les laisser emprisonnés pour le moment. À la tour fortin, le chef s'est autorisé une sortie pour voir la lumière du jour.

<u>À Bandol</u>, une fête est donnée au château avec des danseuses pour la femme de Domitius, c'est elle qui organise, en fait elle est seule avec les danseuses qui exécutent leur ronde. Après avoir regardé le spectacle et toutes les danseuses, elle fait son choix et la danseuse choisie doit s'occuper de sa maîtresse. La limite des Grecs et des Domitiens est toujours respectée.

<u>À Massalia</u>, la cité a subi un assaut massif avec tirs de catapultes et un assaut d'infanterie progressant rapidement pour passer sous la portée des catapultes. L'attaque a été stoppée et repoussée. Il y a des pertes. Le Strategos est blessé. Les Romains

laissent leurs appareils d'assaut sur place hors de portée des catapultes grecques de la muraille en se retirant. La muraille soigne ses plaies et ses blessés, etc. L'assaut a été massif et comportait de multiples tours d'assaut etc. Dans la nuit, un brasier est allumé par les Romains à une certaine distance pour signaler qu'ils ne se retirent pas et intimider les assiégés. Ils effectuent des tirs de boule de feu trop loin pour atteindre la ville, mais pas la muraille. Ces tirs de boules de feu sont réalisés de temps en temps pour maintenir la pression. Ils catapultent également des corps de soldats grecs tombés de la muraille et qu'ils ont récupérés lors du repli ou autre.

Au grand temple, les Massaliotes reviennent prier. En ville également les gens sortent de leur lieu d'habitation et implorent les dieux de les protéger et de leur donner la victoire. Il n'y a pas de procession cette fois-ci. Celui ou celle qui ne sort pas de chez lui pour implorer les dieux est mal vu comme s'il portait la poisse à la cité. Au port, un navire est revenu abîmé, il a été attaqué.

<u>À Cytharista</u> des navires attaqués sont également revenus.

<u>À Carcisis</u>, le trouble et la peur règnent.

Au fort extérieur de Massalia, ils désespèrent à la vue d'une faction romaine qui vient sur eux. Le fort est assiégé par les Romains qui ne laissent aucun survivant.

À La Cadière, c'est la panique à l'Acropole, la cité a peur que la légion se rabatte sur eux. Les musiciens dorment encore et décuvent, ils fuient le présent, la réalité. Les Domitiens repartent à Bandol.

Au front du Gros Cerveau :

La légion s'est engouffrée dans le col à côté du fort du Gros Cerveau et a été repoussée. Auparavant une ligne de guerriers ligures s'était présentée face à la légion. Puis un homme seul s'était avancé pour parlementer. Certainement il avait dû vouloir les prévenir des pièges du col, enfin je n'ai pas d'information à ce sujet. Je ne pense pas qu'ils se soient liés aux Romains pour combattre mais les Romains ne les ont pas écoutés. Se sentant invincibles, ils ont plongé dans la défense du col du Gros Cerveau, du moins après le col et se sont fait digérer par les pièges comme les Ligures auparavant (également des tirs doivent être effectués du fort situé juste au-dessus). Finalement la légion a fait demi-tour et est partie vers Bandol en contournant le massif. Les Romains cherchaient alors à attaquer les défenses de Tauroeïs hors des collines, sur sa face ouest. Les Ligures se sont rabattus sur le Castellet, qui a tenu. Pareil, ils exhibent des corps de ligures mutilés aux murailles. Les Ligures repartent, car ils ne sont pas assez nombreux, ils ont juste tenté leur chance.

d/ La vague d'assaut de la légion romaine, Bandol, La Cadière, le Castellet, Cytharista, rasées de tout ennemi en 1 jour

lecture du 18 juin

À Nikaïa des émissaires ont été reçus pour parlementer.

À Olbia, des habitants de Massalia viennent pour repeupler la ville.

À Athénopolis Domitien et Grec vivent ensemble.

À Massalia, au port, de plus en plus de navires sont attaqués lors de leur sortie.

Aux Embiez tout est redevenu normal, les soldats acculés dans le dédale sont morts, criblé de flèches certainement, et le petit Rouveau a été réinvesti.

À Bandol malgré l'attaque au Gros Cerveau c'est toujours dans une insouciance surréaliste que se passe la vie au château, rire et chants, etc, entre femmes. Elles sont droguées. (je découvrirais juste après pourquoi)

À Massalia, le front se déplace vers le sud-est et s'agrandit. Ordre est donné de détruire le plus possible les catapultes si possible évidemment. Le Strategos blessé est inapte au combat, il a été remplacé par un autre Strategos plus vieux qui n'a aucune autre stratégie que de continuer celle de son prédécesseur. Encore une journée ou Massalia a subi un assaut massif, mais elle tient. Les Romains se retirent avec leurs blessés. Des espions ou saboteurs essaient de se dissimuler parmi les blessés ou se laisser pour morts, déguisés en Grecs. Cette fois-ci, vu la hardiesse de l'assaut, la ville a vraiment peur. Au temple c'est la panique. Des espions infiltrés sont dans la ville. Ils cherchent à tuer des décideurs, Strategos, etc, ou cible stratégique.

Les navires reviennent tous abîmés au port, le blocus maritime semble effectif.

<u>À Carcisis</u>, des bateaux ne pouvant aller à Massalia se sont réfugiés au port.

<u>Cytharista</u> semble à nouveau assiégée. On dirait que cette fois-ci elle n'a pas résisté longtemps.

<u>Front du Gros Cerveau</u> La légion n'ayant pas réussi a passer le col de Tauroeïs, elle s'est divisé, une partie a rasé Bandol, en fait les filles se sont droguées pour mieux accepter la mort, leur maîtresse (la femme de Domitius, je suppose) était partie avant en bateau vers la Corse en les abandonnant à leur sort (plus de passagers, plus de poids, moins de rapidité dans la fuite). Une autre partie de la légion a rasé La Cadière, cette fois-ci, le temple d'Hé-

raclès tuant l'hydre de Lerne a été détruit, les Domitiens qui étaient au camp en face de la crète se sont enfuis dans la forêt (peut-être ceux là étaient vraiment des pâtres, bergers, comme l'indiquait César), ceux qui ont survécu à l'assaut de l'Acropole sont faits prisonniers, les Grecs sont tués. Le Castellet n'est plus qu'un brasier géant, une torche allumée, et ensuite ils sont allés raser Cytharista. Cela a été le dernier jour grec de Cytharista, le Castellet, Bandol et La Cadière.

Les filles de Bandol, servantes de la femme de Domitius, ne sont ni violées ni torturées, mais elles sont jetées dans les brasiers vivantes.

Dans ces quatre citées, l'assaut a été une vague inarrêtable, munie de grande échelle etc

À Bandol, un centurion s'assoit cinq minutes à la partie panoramique du château et contemple le paysage, soit dans l'appartement des chefs puis repart.

Ce sont les mêmes fréquences que le "génocide day" du 16 septembre. (voir Tauroeïs et non Tauroentum p203)

Lecture du 19 juin

Aux Embiez c'est la panique en ville, des Grecs font des crises d'hystérie au temple de Perséphone. La muraille est glacée de peur. Ils ne voient plus aucune issue. Militairement tout tient debout, tous les postes sont occupés. Le fort militaire de Portissol est pétrifié de peur également.

À Bandol Les Romains adaptent et préparent le château (butte du château à Bandol, demeure des chefs). Il est remis en état.

À Cytharista la ville ayant été rasée de vie humaine, des Ligures isolés viennent faire de la récupération. Ils croient qu'ils resteront les maîtres de la ville.

À Carcisis la ville a résisté, la légion est répartie sur Massalia. En fait, ils se sont engouffrés dans le couloir défensif fraîchement créé et ont pensé qu'ils échoueraient comme au col du fort du Gros Cerveau, donc ils ont abandonné et rebroussé chemin.

À Massalia, le front s'élargit toujours en encerclant la ville doucement. Strategos ne veux plus gaspiller d'hommes et décide de laisser les pièges de la muraille faire le reste. Ils laissent entrer les Romains qui s'engouffrent dans des pièges, etc, soit il n'y a plus de front direct. Quand des prisonniers grecs sont faits, ils sont crucifiés, suppliciés sur une colline en face de la muraille, etc, pour bien les faire hurler afin de décourager les assiégés. Il y a des équipes spéciales pour effectuer ce type de pratique, soit pour les faire entendre le plus possible et déchirer le ciel de leur cri.

Au port quasiment tous les bateaux sont en réparation. César est averti de l'aspect redondant des appartements de Bandol. Une visite est prévue, il ira plus tard.

À La Cadière au temple d'Héraclès qui est cette fois-ci semi détruit, les Ligures y font également de la récupération, écoeurés que les Romains aient brûlé les corps : leur dessert. La légion n'a fait que passer, ils n'ont rien laissé derrière eux.

Le Castellet a tellement brûlé qu'il n'y a vraiment rien à récupérer

À Bandol il y a de grands préparatifs effectivement, dans les appartements un grand cérémonial est prévu. Toute la partie du château est nettoyée pour César.

e / Installation de César à son nouveau quartier général des opérations à Tauroeïs ouest soit Bandol

Lecture du 20 juin

À Bandol des préparatifs de haut rang sont toujours effectués, impérial, la ville est nettoyée et remise en ordre, les temples sont rasés et servent de carrière.

À Antipolis Les Domitiens sont sur le départ.

Nikaïa reste grecque

Olbia reste Domitio-Grecque.

Des Ligures semblent toujours coincés sur l'extrémité ouest de la presqu'île de Giens.

À Athénopolis les Domitiens vont partir, les Grecs restants ont peur, les nouvelles sont arrivées semble-t-il.

Au port de Massalia, faire une sortie en mer devient trop risqué, semble-t-il, le Ratonneau a dû être repris.

Aux Embiez, les bateaux qui étaient à Carsicis sont venus à Tauroeïs, les Domitiens et autres. Ça rassure les militaires, mais pas les habitants de la ville. Les hystériques ont été sortis du temple de Perséphone avec fracas. Les Domitiens font part du blocus de Massalia.

Il y a toujours des cérémonies et cultes au petit sanctuaire, certains s'enferment dans la célébration. En ville, il y en a qui deviennent fous face à la peur de la mort, ils déraisonnent.

À Bandol, la cité est devenue très propre, romanisée, les pierres des temples ont été retaillées pour le besoin.

Le Bastion militaire de Sanary/ Portissol est pétrifié de peur

<u>À Massalia</u>, c'est une journée sans combat aujourd'hui, retraite.

On annonce à César que sa base arrière de Bandol est prête. Il est satisfait.

Les Massaliotes se reposent et récupèrent, et en profitent pour faire des réparations de la muraille, ils ont été très éprouvés. Massalia respire un peu, avec la trêve la peur et la tension s'évapore légèrement. Au grand temple les gens pensent que les dieux les ont abandonnés, ils n'y viennent quasiment plus pour l'instant. La nouvelle prêtresse se prend des insultes, certains la tiennent pour responsable. Les Massaliotes réparent doucement la muraille dans la fatigue nerveuse et autre.

Une partie du camp romain est levée, César vient vers Bandol

<u>Au port de Massalia</u>, quelques navires sont repartis, le problème vient plus de rentrer que de sortir apparemment. Strategos fait un décompte de ses pertes en hommes, le constat est navrant. Il sait qu'ils ne pourront pas tenir indéfiniment, qu'un jour la muraille sera percée. Il pense à orienter la défense sur une avalanche de pièges, sans mettre en péril la vie des hommes, au maximum. Ils élaborent du coup des stratagèmes et de nouveaux pièges avec de petits dédales.

Sur le front c'est quand même une atmosphère de mort qui règne, beaucoup de corps sont toujours là, les Romains laissent pourrir les leurs pour espérer contaminer les Massaliotes par une potentielle épidémie et guettent une éventuelle ouverture de porte ayant pour but de les retirer, pour une attaque-surprise. Peut-être des soldats romains vivants sont cachés parmi les morts.

Carcisis tient toujours le choc, les bateaux sont partis pour Tauroeïs.

À Cytharista, toujours, dans les cendres créées par le passage de la légion romaine, les Ligures se remettent à la pêche avec le plus grand des plaisirs, eux qui étaient privés d'accès à la côte depuis longtemps.

À Massalia, au grand temple, la prêtresse sort les grands moyens, elle effectue le sacrifice humain d'un nouveau-né, et elle lit la victoire dans ses entrailles. Après les efforts pour réparer la muraille, après les assauts des jours précédents, les soldats sont exténués.

Le Ratonneau est occupé par les Romains évidemment, dès qu'un navire est construit il le rejoint.

Au grand camp des légions face à Massalia, les troupes romaine se soignent, etc. Les blessés, rendus inaptes au combat, sont achevés. Cela fait toujours moins de bouche à nourrir. Les autres soldats se taisent s'ils sont témoins ou on les amènent plus loin, dans la discrétion si besoin, en charrette etc. Certains sont soulagés que César parte à Bandol, personne n'est à l'abri d'un de ses caprices. Aucun soldat n'est perturbé par la guerre et tout ce qu'il vient de se passer, car c'est leur quotidien, comme s'ils étaient en enfer et qu'ils ne pouvaient plus en redescendre. Des prisonnières faites je ne sais où sont amenées aux centurions. Des soldats mangent des bouts d'homme en cachette, qu'ils avaient au préalable récupérés sur le champ de bataille ou autre. Les toilettes sont d'une puanteur manifeste. Les Romains font des trous puis une fois plein, ils les recouvrent de terre puis font un autre trou. Les chevaux semblent être mieux soignés que les hommes, soit des hommes sont au petits soins pour eux. Un Messager part pour Arles pour voir l'avancée de la construction des bateaux, je pensais alors.

<u>À La Cadière</u> les Romains de César réinvestissent et réparent l'Acropole en tant que base arrière protectrice de Bandol. César est venu à cheval à l'oratoire de La Cadière, soit le lieu de la demeure des chefs pour inspecter l'endroit, et c'est dit, ce sera très bien pour un "tel" qu'il nomme à cette place, puis il part

vers Bandol. Les temples du sanctuaire et autres sont transformés en tas de pierres et carrières également.

Le Castellet est tellement détruit qu'il y a juste une petite vigie, quelques hommes qui ont été mis sur place, avec un brasier pour indiquer aux Ligures la présence romaine.

À Bandol, César arrive avec deux cavaliers uniquement avec lui. À l'entrée de la ville, il leur demande de le laisser continuer seul, la ville est romaine maintenant. A son passage au galop en ville, prévenus et positionnés en ligne de chaque côté de la rue pour l'accueillir, les gens l'acclament fortement. Lui, fonce tout droit jusqu'au château. Du coup ils ont peur de ne pas avoir été à la hauteur puisqu'il ne c'est pas soucier d'eux. Il entre dans les appartements, cela lui plaît, il est conquis. Puis il prend un bain, aidé de sa servante. Il ne lui fait aucun abus. Plus tard, il donne des ordres pour le camp du front de Massalia avant de s'endormir.

La nouvelle ville romaine est fière d'avoir César dans ses murs.

Lecture du 21 juin

Aux Embiez la ville n'est pas rassurée, il y a eu une attaque romaine par voie maritime côté sud. Ils n'ont pas réussi à entrer dans l'enceinte de la ville. Il semble qu'ils ont détruit les temples du petit sanctuaire et les trois autres devant. Ils n'ont pas réussi à passer le dédale qui laissait croire aux assaillants qu'il donnait l'accès au mécanisme d'ouverture de la chaîne, permettant l'accès à la baie, soit située sur l'actuelle île du Petit Rouveau. Au port des Embiez, ils se préparent à les repousser en mer au cas où la chaîne tomberait. Ils postent pour cela des galères devant le petit Rouveau. Les navires romains repartent pour Bandol, l'attaque a échouée. Le temple de Perséphone est protégé de par les nouvelles fortifications. Quand les navires repartent, les Grecs considèrent cela comme une défaite de la part des Romains et crient leur victoire. Au niveau du port des Embiez actuel donc c'est une attaque au niveau du dédale qui a été repoussée. J'ignore le nombre de bateaux qui ont été utilisés. Des romains se laissent passer pour morts pour essayer de rester sur l'île afin de pouvoir par la suite espionner les défenses ou créer des dégâts. Pour les raisons de l'attaque éclair, comme César était arrivé à Bandol, il fallait marquer le coup.

<u>À la tour fortin</u> le chef perd de sa stabilité, ils ne sont plus que deux en haut gouvernement. Dans la ville, il y a des Grecs terrifiés qui creusent des trous en cas d'attaque pour se cacher.

À Bandol l'attaque a été faite pour honorer la présence de César donc. Ils rentrent au port, ils ont perdu, mais sont fiers d'avoir combattu. Il y a pas mal de pertes d'hommes. César se doutait bien qu'ils n'y arriveraient pas et cette forteresse de Tauroeïs commence à lui poser problème.

Il ne voit pas de solution viable, sur terre comme sur mer c'est l'échec. Il veut faire appel à une légion pour faire des attaques plus massives sur plusieurs fronts. Les blessés graves ne sont pas maintenus en vie. Il y a des petits règlements de compte en ville dont j'ignore la cause, la convoitise, semble-t-il.

À La Ciotat, les Ligures voient des navires romains se rapprocher et prennent peur, ils s'éloignent un peu des côtes pour ne pas être vus. Une troupe d'assaut est venue de Massalia. Carcisis a finalement été rasée de l'occupant grec. Les Romains ne laissent qu'une centaine d'hommes à Cytharista et continuent vers la Cadière.

À Massalia les combats n'ont toujours pas repris. Apparemment César compte couper la tête du gouvernement massaliote à Tauroeïs en premier. Il pense que c'est la clef qui lui ouvrira Massalia sans un siège long et coûteux. Strategos semble surpris qu'il n'y ait plus d'attaque. L'ancien Strategos est finalement infirme, paralysé. Dans la ville, les gens profitent à nouveau des jours de juin, Massalia croit à nouveau qu'elle a vaincu César. La flotte est à quai, le blocus est toujours effectif, soit le port est vide d'activité. La muraille défensive de l'enceinte de la ville a fini d'être rafistolée, provisoirement. Massalia reprend son souffle. Les Romains laissent juste assez de troupes pour maintenir le blocus sans attaquer. Il semble qu'il y ait un mouvement de troupes vers l'est également. En ville, la vie continue presque normalement, ils ne sont pas encore en manque de ressources.

<u>À Antipolis</u>, les Domitiens sont quand même restés.

<u>À Olbia</u> idem, les Domitiens et les Grecs sont toujours là.

<u>À La Cadière</u> un chef romain a été nommé et prend possession de l'Acropole. Il est très noir intérieurement ,noir, noir, noir. Une place fixe, cela ne lui convient pas, il préfère mener des campagnes. Peut-être n'obéit-il pas toujours aux ordres de César et prend des initiatives hasardeuses. Il ne présente aucun travers psychologique pour l'instant, c'est juste un homme de guerre. Du coup il s'ennuie dans ses nouveaux appartements, en même temps il n'est pas jeune. César le considère vraiment et pense faire ce qui est le meilleur pour lui. La place et le camp sont tenus en base arrière, c'est la protection idéale pour le camp de Bandol de César et c'est sa mission, qu'il accepte évidemment, mais il espère

bien un jour re-combattre, le plus rapidement possible. Les cris de la guerre lui manquent. Ses soldats ne rigolent pas, jamais l'Acropole n'a été aussi bien gardée. Ils prévoient d'agrandir le camp.

<u>Au Castellet</u>, il y a un peu plus d'hommes. Ils commencent à tout déblayer.

<u>Bandol</u> lecture plus précise

Bien qu'il ne lui donnait aucune valeur, César regrette l'échec de l'attaque. Il prend du bon temps, en profite pour se reposer. Il lit, il écrit. Réfléchi à des stratèges, etc. il règne un très grand calme autour de lui quand il est dans son appartement.

f/ préparation d'une nouvelle stratégie d'attaque pour le siège de Massalia : le char antique

Lecture du 22 juin

<u>Aux Embiez</u> il n'y a pas eu d'attaque aujourd'hui. La population retourne au sanctuaire et pleure ce dernier qui est détruit. Il semble qu'il y ait eu une petite rébellion sur la muraille.

<u>À Bandol</u> César est toujours là, il accueille quelqu'un de marque et lui fait tous les honneurs à son arrivée, il y a les drapeaux qui sont au vent, etc, rangés devant les appartements. La ville est au garde à vous pour accueillir cet invité de marque.

À Massalia, les Romains préparent quelque chose. Ils semblent surélever leurs catapultes, peut-être sur des tours, pour augmenter leur portée sans être atteignables par les catapultes grecques. Des essais sont effectués, sans résultats apparents. Seuls des éléments légers arrivent à destination, mais ils ne font pas de dégâts. Du coup ils catapultent des têtes coupées de prisonniers grecs certainement qui s'écrasent sur la verticalité de la muraille. Le Strategos trouve cette initiative méprisable, indigne du statut des Romains, ce qui pour lui, les rabaisse à un rang inférieur. Les Grecs reprennent les rondes croisées sur la muraille.

La nouvelle prêtresse veut fuir la ville, elle s'habille normalement pour essayer de prendre le premier bateau qui partira. La ville nage dans une tranquillité surréaliste. Les gens essaient d'être normal, mais parfois, la peur s'exprime par des paroles irraisonnées. Au Port, la situation est toujours la même et les bateaux qui essayent de partir sont repoussés et reviennent abîmés.

La prêtresse rock'n'roll a été capturée par les Ligures, elle sert d'esclave se faisant passer pour muette. (plus tard elle s'échappera lors d'une traversée de rivière, feignant de ne pas savoir nager, sachant qu'aucun ligure ne se risquerait à la sauver. Elle retournera à Massalia, arrivée discrètement aux portes, criant qu'elle était l'ancienne prêtresse, les gardes ne la connaissant pas du fait de son court passage au grand temple, la laissèrent dehors, pensant également qu'elle pouvait être une espionne ou issue d'un stratagème inventé par les Romains, c'est quand ces derniers l'abattirent d'un coup de flèche ou autre, que les gardes comprirent alors qu'elle disait la vérité) Au temple, on note l'absence de la prêtresse (celle qui l'a remplacé), on la fait rechercher en ville.

<u>À La Cadière</u>, en fait, c'est le chef de l'acropole de La Cadière qui a été invité chez César. C'est lui-même qui prépare son cheval. Le camp a été agrandi.

<u>Au Castellet</u>, l'intérieur de l'Acropole est reconstruit peu à peu, mais sous forme romaine. Il est demandé d'assurer la production pour fournir César, les troupes etc. La cité sera tournée vers la production et non le militaire.

g/ Reprise des comptoirs grecs, Antipolis ,Nikaia, Olbia , Athenopolis

Lecture du 23 juin

La légion qui était partie de Massalia a dû s'arrêter à Fréjus pour les prochaines opérations.

<u>À Antipolis</u> la légion romaine rase la ville, ils démantèlent les murailles et les fortifications (pour ne pas

avoir à les reprendre si les Grecs venaient à récupérer la ville à nouveau : mortelle erreur, vous verrez par la suite)

À Nikaia il y a une attaque romaine également, les Grecs sont retranchés dans le château.

Olbia reste inchangée.

À Massalia, au port, la moitié de la flotte est présente, les bateaux sont abîmés, il y a beaucoup de morts dessus. (une nouvelle bataille navale, tentative de briser le blocus? comme je le penserai par la suite)

Aux Embiez, la cité semble avoir été renforcée.

À Bandol, la nouvelle ville romaine est devenue la cité du penseur, César. Il y a toujours ce qui semble être des règlements de compte en ville, des meurtres.

À Massalia, les Romains cherchent toujours à augmenter la portée des catapultes. Il commence à y avoir des résultats, mais toujours insuffisants. Pendant ce temps la muraille se répare un peu plus, de consolidation rapide ils passent à de réelles réparations. Les Romains envoient toujours des têtes catapultées de temps en temps. De nouveaux recrutements sont faits chez les Grecs. Ils acceptent de très jeunes recrues finalement, dévouées et voulant se battre pour défendre leur ville. La prêtresse est finalement partie avec un bateau qui a pu passer, il a pris une pluie de flèches. Toujours habillée normalement, peut-être avait-elle vu la fin dans les entrailles du sacrifié, un bébé volé. Les Romains construisent de nouvelles machines, des tours d'assaut ?

Quelqu'un tue l'ancien Strategos qui était blessé pour abréger ses souffrances ou plutôt ne pas le laisser dans cet état neuro-végétatif. Les yeux de ce dernier semblent le remercier.

Au grand temple, une autre prêtresse est nommée, très vieille celle-ci, elle s'enferme dans des rites anciens, délimite une zone avec je ne sais quoi pour la protéger. Elle n'est pas vigoureuse, elle manque d'énergie, elle est vite fatiguée. Elle ne fait qu'une chose à la fois.

À Cytharista les Romains ré entreprennent la cité, ils démontent les fortifications également et laissent un bastion, comme à leur habitude.

À Carcisis, ils laissent une garnison, en attente de décision.

À La Cadière les hommes se relâchent un peu, ils savent qu'ils sont en nombre, ils ne craignent plus rien. Le chef romain mange abondamment, quasiment un festin pour lui tout seul, les serviteurs mangent les restes tellement il y a de mets.

Au Castellet, le camp s'organise doucement. Ils veulent en faire donc, une zone de protection des denrées de la production environnante.

À Bandol, César a lu puis s'est endormi, très méditatif. Ce lieu est sa retraite il en profite. En fait c'est sa chambre, au bout de deux jours je me suis dit que ce n'était pas normal, ça commençait à faire troisième âge. Les fréquences résiduelles des échos temporels journaliers sont dans l'ancienne pièce de réception de l'autre côté, son Q.G maintenant, ou il passe ces journées, que j'ai trouvée du coup en m'alarmant de si peu d'activité.

Aux Embiez beaucoup de réfugiés sont arrivés au port de Tauroeïs dont des blessés, certainement ceux qui ont pu fuir Cytharista et Carsicis. Du côté du port des Embiez actuel, il y a une masse noire à terre (peut-être post brasier funéraire). Ce sont les blessés qui sont morts. Un premier tri est effectué. Il y a également une épidémie sur la muraille depuis hier, certainement à cause des soldats blessés ou morts qui ont été ramenés. Les Grecs ont le moral au plus bas, c'est la désolation.

Lecture du 24 juin

À Antipolis les Romains continuent le démantèlement des fortifications, ils rasent les temples qui sont transformés en carrières, à part peut-être quelques exceptions. Les corps issus de la bataille sont brûlés. Le bastion du fort Vauban est conservé.

À Nikaïa ceux qui s'étaient réfugiés dans le château, au lieu de fuir, on tenté une dernière attaque suicide. Il ne reste que les morts. Les Romains commencent le démantèlement partiel également des murailles et des temples.

À Olbia la ville est rasée par les légions romaines également, sans grande difficulté. Les domitiens résistent sur la partie sud de la ville.

À Athénopolis, c'est la confirmation d'une attaque par voie maritime qui a dû se dérouler hier. Les Grecs et les Domitiens sont retranchés dans le bastion, qui semble être sur l'emplacement de la citadelle actuelle.

À Massalia, le port est en feu, la flotte est en feu. Est-ce un sabotage ?

À Hérakléia, les Ligures ont rattaqué et ont fait fuir les Domitiens (par mer).

Aux Embiez, à la grande muraille défensive est, l'épidémie fait ses premiers morts, la ville est mise en quarantaine. Les morts sont brûlés sans passer par le temple de Perséphone. Il n'y a pas grand monde à ce dernier, juste un garde, il est interdit d'accès. Certains habitants de la ville persistent à vouloir aller prier et demandent de l'aide devant les temples détruits, remplis de désespoir.

Le Bastion militaire de Sanary est affligé.

<u>À Bandol</u> des jeux sont organisés sur la place, deux hommes sont exécutés, tués par des bêtes sauvages. César, bien qu'ordonnateur, n'y participe pas, ça ne l'intéresse pas. Il l'ordonne, car il sait que cela plaît au peuple. En fait il devait s'agir des assassins qui sévissait en ville que j'avais pris pour des règlements de compte, ils prenaient prétexte de règlement de compte pour tuer la nuit. (il semble que ce soit une règle de justice, les assassins aux fauves)

<u>À Massalia</u> les Romains sont arrivés à leur fin. Ils ont avancé un peu leurs catapultes et les ont protégées des tirs ennemis. Ils bombardent la muraille sans relâche. Puis c'est l'assaut des troupes qui est finalement digéré dans les pièges de la muraille. Les Romains sont dépités, ils n'ont même plus le cœur à catapulter des têtes. Un messager est envoyé à César. Les Massaliotes font des tas de soldats romains morts et les brûlent devant les murailles pour bien signifier leur victoire et leur détermination. Strategos est fier d'avoir une fois de plus repoussé les Romains sans trop de dégâts. Sur la muraille, les catapultes abîmées sont remplacées.

Au Temple la vieille prêtresse fraîchement recrutée s'est faite renvoyer, inapte à remplir son rôle selon eux. Personne n'a pris sa place actuellement.

À Cytharista les Romains remettent en route la production pour assurer l'approvisionnement des troupes, etc.

À Carcisis seule une petite garnison tient la ville actuellement.

À La Cadière, le camp ronfle toujours dans la sécurité. Un Domitien qui s'était réfugié dans la forêt a été capturé (après l'installation des Romains l'ancien camp s'était dispersé dans la forêt) il voulait juste se nourrir. Il a été pris pour un espion. Il est amené au chef, puis est battu, tué et rôti. Goûté par le chef qui le trouve de mauvais goût et le recrache. Le chef engueule les cuisiner de l'avoir mal cuisiné. Il dit la prochaine fois qu'il loupe sa cuisson de cette façon, c'est lui qui sera rôti.

Au Castellet finalement les Romains détruisent également les remparts, certainement sous ordre de César.

À Bandol, dans la salle où il y avait les filles avant, César travaille avec plans, lettres et messager, c'est son quartier général donc. L'appartement derrière est utilisé seulement pour dormir quand il a fini sa journée. Il n'y a pas de manque de respect ou d'abus de pouvoir dans cette pièce de sa part envers les autres personnes. Il est en attente de nouvelles de messager en permanence, c'est la tête de tout. Aucun ordre ne part ailleurs qu'ici.

Lecture du 25 juin

<u>Aux Embiez</u> la cité se renforce de tous les rescapés des autres comptoirs. L'épidémie passe un peu. La ville reprend espoir, des voyages vers la Corse sont décidés. Il y a beaucoup de désespoir au temple de Perséphone. Bien que les autres temples soient détruits, ils vont toujours prier devant encore, mais en fait, je pense qu'il doit rester un temple debout dans l'intérieur de l'île que je n'ai pas encore cartographié. En ville on dirait qu'il y a une nomination importante.

<u>À Bandol</u> César a eu de la visite, certainement du chef du siège de Massalia (Trebonius selon les textes), les ordres ont été donnés.

<u>À Massalia</u> les machines des Romains sont au point, ils se préparent à une attaque massive. Comme il n'y a pas d'attaque, le Strategos sent que cela ne présage rien de bon. Au grand temple personne n'a été repris, les enfants jouent dedans. Certains disent que c'est la fin. La flotte a brûlé dans le port : confirmation.

Pour valider ce genre d'informations de par son importance je me suis rendu à Marseille au vieux port. De toute manière, cela ne collait pas : comment la flotte pouvait-elle faire la bataille navale de Massalia le 27 juin selon César dans les textes, soit la guerre civile livre 1 chap. 56-58, et brûler entièrement quelques jours avant ? J'ai toujours pensé que le 27 juin était la fin de Massalia. Et peut-être que les échos vont me donner raison.

Lecture précise (sur place) à Marseille.

À la muraille sud (Prado) les Romains simulent de fausses attaques pour obliger les Grecs a disséminé leurs troupes le long de toute la muraille et non les concentrer sur le front qui se trouve à la porte au nord, j'imagine.

La bataille navale a déjà eu lieu. Les Romains ont gagné, quelques navires ont coulé effectivement et trois ont été pris, les trois qui ont dû attaquer ensuite Tauroeïs de nuit soit le 16 juin, et la bataille navale de Massalia a dû être le 15 juin, soit le jour ou j'ai noté mouvement de flotte grâce à la caméra webcam du vieux port. J'ai donc loupé l'écho temporel de la bataille navale de Massalia à cause des fausses dates données par César, moi qui disais dans mon premier livre qu'on pouvait lui faire confiance sur les dates, encore un plantage total, mais ce n'est pas grave, on avance, c'est cela qui est important. Des prisonniers ont été faits sur les bateaux pris. Ils les ont mangés sur l'île de Ratonneau, cannibalisme encore. En fait il faut savoir que les légions sont aussi faites des peuples qui ont été vaincus, ainsi selon les peuplades, cela peut avoir certaines conséquences. Cela va faire couler de l'encre, peut-être, c'est sûr, mais les Provençaux qui vont certainement vouloir me lyncher déjà du fait que j'affirme que les Ligures étaient cannibales vont se sentir un peu moins seuls maintenant : car certains légionnaires des troupes romaines le sont aussi. Je suis moi même Provençal, mais je me dois de référer les données recueillies.

Puis les têtes sont envoyées à terre pour le catapultage. On connaît la provenance maintenant.

Pour le port, comme je l'avais supposé, les navires romains ont catapulté des boules de feu, la nuit peut être, et des jarres remplies d'huile ou autre. Tout le port a pris feu, l'eau, etc. La flotte complète a brûlé comme vu précédemment.

À Massalia la ville entière sent que c'est la fin.

À Carcisis la garnison romaine part rejoindre Massalia, ils laissent le minimum d'effectif.

À Cytharista également les troupes romaines rejoignent Massalia.

Le front qui s'amasse derrière les collines de Massalia est énorme. Certainement les trois légions citées dans la guerre civile.

<u>À La Cadière</u> Idem, ils sont tous partis à Massalia même le chef, la garde de l'Acropole est au minimum. Le chef est parti ravi, enjoué par la perspective de la bataille.

<u>Au Castellet</u> toutes les denrées récoltées sont envoyées à Massalia pour le réapprovisionnement des troupes. Il ne reste plus grand monde non plus, les hommes ont été envoyés pour le support logistique. Un feu est allumé pour signaler l'occupation et faire fuir les Ligures.

<u>À Bandol</u> César a reçu un général je pensais, mais il s'agit de Trebonius, son lieutenant, et lui a donné certainement tous les ordres de bataille pour Massalia. Content de son entrevue et de l'optique de sa future victoire, il embrasse son chien en privé. L'entrevue : d'abord trébonius fait son compte rendu, puis César donne ses ordres. Il pose une question à Trebonius, il répond et César donne son ordre, ainsi de suite pour tous les ordres. La question des prisonniers Domitiens est évoquée, ils seront rendus à Domitius sous rançon. Pour les Grecs, il n'y aura pas de pitié, pas de survivants, demande est faite de raser la plupart des temples etc. ils s'entendent sur la

méthodologie de faire croire aux citadins qu'ils pourront partir par le port afin qu'ils emmènent toutes leurs richesses avec eux de façon à les récupérer plus facilement, puis de tous les tuer.

<u>Aux Embiez</u> lecture précise sur place :

En fait ce n'est pas une nomination, c'est quelqu'un qui leur propose de partir. Domitius dans son royaume ? Il leur promet qu'ils pourront vivre en sécurité. Les Grecs ne sont ni convaincus ni confiants. Ils réfléchissent, hésitent. Il leur promet des terres, etc, du travail. Ils se demandent s'ils ne vont pas plutôt devenir esclaves. Un Domitien dit à quelqu'un d'aller chercher les bateaux ou de préparer les bateaux.

À la grande muraille, au bastion sud. Les troupes se remettent de l'épidémie, à moitié guéries, il n'y a pas eu beaucoup de pertes apparemment.

<u>À la Tour fortin</u>, le chef massaliote fait savoir qu'il est d'accord pour la décision d'exil du peuple. Lui est dans une colère rouge de vengeance et veut rester avec ses hommes pour infliger le plus de dégâts aux Romains et à César. (peut-être à ce moment là il y a un changement de chef du moins un part en exil et un autre, le stratogos de la forteresse des élites des Embiez, reste pour le combat et la vengeance, voir mon prochain volume : Tauroeïs, les thermopyles massaliotes)

5

La chute de Massalia / Fin du siège / Le dernier jour de Massalia / génocide

a/ La chute de Massalia

Lecture du 26 juin

<u>Aux Embiez</u>, les Grecs s'adonnent à un surentraînement militaire au bastion sud et à côté. Des navires partent pour la Corse. La ville se vide. Beaucoup de prières sont faites au dernier temple qui doit rester debout dans l'intérieur de l'île. Les positions sont tenues.

<u>À Bandol</u> une victoire est fêtée en ville. Ou débarquement triomphant. César y prend part et applaudit également. (j'ai d'abord Bandol en lecture, ensuite je vais sur les hauteurs pour voir Massalia)

<u>Au port de Massalia</u>, les Romains ont débarqué des troupes au début du port, et ont attaqué des deux côtés les remparts.

<u>À Massalia</u> les Romains ont percé la ceinture défensive de Massalia lors de leur assaut massif accompagné de leurs nouvelles machines de guerre. Tout ce qui est militaire a été vaincu. Strategos est fait

prisonnier, puis on le décapite, sa tête est amenée à César. L'assaut s'est déroulé ainsi : les tours amovibles romaines surmontées de catapultes ont pilonné les catapultes grecques sans être atteignable. Une fois qu'elles ont été anéanties, les tours ont continué à avancer toujours en tirant, et une fois à hauteur des murailles d'autres tours ont pris le relais, les portes ont été abattues, les légions romaines sont entrées dans Massalia, priorité d'anéantir les hoplites présent sur les murailles, soient l'ensemble défensif. Aucun prisonnier n'est fait. Toujours pareil, parfois les Romains font croire aux assiégés que s'ils se rendent, leur vie sera épargnée, mais il en n'est rien. Dès qu'ils sont à l'abri des regards d'autres soldats qui ne se sont pas encore rendus, ils les tuent. Le sol est rouge. Les pertes romaines sont considérables. Les Grecs sont anéantis, des bastions sur la muraille résistent encore. Ils ne veulent pas se rendre. Pour les Romains c'est déjà la victoire puisque Strategos s'est rendu, ce qu'ils disent à tout bastion encore fermé à la reddition.

Les derniers bastions tombent un à un, ils les enfument parfois quand c'est possible pour faire sortir les soldats de leurs retranchements. Quelques troupes retournent au camp avec les blessés graves. Parmi ceux là, ceux qui ont encore un peu de mobilité sont tués et ceux qui ne bougent quasiment plus sont enterrés vivants avec les autres.

Les Romains tiennent la place. Le peuple n'est pas impacté pour l'instant. Les citadins qui essaient de fuir sont rabattus vers la ville, mais pas tués, on leur dit d'attendre les ordres. Un Messager part pour Arles ? Dans la soirée, le calme revient dans la cité. Les Grecs sont surpris et ne se méfient plus. Ils se disent que s'ils n'ont pas été tués, ils ne le seront plus. Au grand temple les Grecs cachent les objets de valeurs. En aucun cas les civils ne sont pris à partie, mais déjà le cœur et les poumons de la ville se sont arrêtés. Les gens sont en suspens.

Des soldats romains peu scrupuleux commencent à voler les habitants, ils sont arrêtés par les leurs.

Tous les bateaux romains entrent dans le port, bien visibles des Grecs. César entre en ville en bateau, triomphant, ses troupes l'acclament. Il est demandé aux Grecs sur place d'en faire autant car il leur a laissé la vie sauve. Ils l'ovationnent à leur tour en ayant le sentiment que leur tête va exploser. Ils sont perdus intérieurement. Les Grecs qui sont là ont été choisis pour l'accueillir. César leur dit que dès demain ils pourront partir par bateau et doivent laisser la cité vide. Ils peuvent emmener seulement ce qui a de la valeur ou qui est cher à leurs yeux. Les Grecs présents sur le port partent se préparer et répandent la nouvelle en ville. Ils ont la nuit pour cela. Pendant que les Grecs se préparent, les Romains organisent l'encerclement en ville et condamnent bizarrement quelques rues avant de les vider. Les Romains commencent à repérer les riches maisons et les dépouillent dans la nuit en égorgeant leurs habitants sans un bruit. Ils leur disent que pour eux ce sera des bateaux spéciaux qui les emmèneront et finalement une fois que les occupants leur annoncent qu'ils sont prêts, qu'ils ont prit tout ce qu'ils désiraient emporter, ils les tuent et récupèrent tous leurs biens. Tous les butins du massacre sont amenés en lieu sûr. Femmes enfants vieillards, personne n'est épargné de la tuerie générale. Puis le couvre-feu est instauré et les Romains passent dans les maisons une à une, veillant à ce qu'aucun bruit ne soit fait qui alarmerait les autres, soit les percepteurs assassins. Les corps sont parfois jetés dans des trous quand c'est possible. César s'installe en haut de la colline de la Garde et attend qu'on lui amène les premiers trésors, qui s'entassent dans sa tente. Le tout le long de la soirée et de la nuit. On lui amène une très jolie femme, prisonnière grecque, il lui offre un verre, est séduit par sa beauté, mais il n'aime pas le regard coupable qu'elle lui envoie, César ne veut pas voir ce qu'il provoque de négatif chez les autres, il ne veut pas voir son côté obscur que lui renvoient les autres. Elle sera esclave. Peut-être lui a-t-il demandé si elle voulait bien être à son service. Des trésors arrivent encore, César réprimande fortement les soldats quand il y a du sang dessus. Cette dernière vision l'a agacé, il veut se coucher. Le matin à l'aube, il se réveille au milieu d'un monticule d'or et d'argent.

À La Cadière, le chef romain est rentré, il est exténué, légèrement blessé, n'a pas pris trop de risque, il a juste donné quelques coups de glaive du haut de son cheval quand ils sont entrés dans la ville. Le moment fort a été quand les portes sont tombées dans un bruit fracassant, n'étant plus défendues. La charge n'a pas pu être faite de suite, il a beaucoup attendu. Les premières ripostes de catapultes grecques ont été terribles, certaines batteries n'avaient pas été anéanties par les tours catapultes (soit l'ancêtre du char). Puis les Grecs n'ont plus eu de munitions. Le flux d'homme ne s'étant jamais arrêté. Quand il n'y a plus eu de munitions, certains soldats grecs ont enlevé leur uniforme pour retourner dans la ville sachant qu'ils étaient perdus, afin de rejoindre leurs proches et de les prévenir.

À La Cadière, les soldats romains font la fête.

L'attaque vue par Strategos

Les troupes romaines arrivent, il dit d'attendre avant de tirer, puis quand ils sont à portée, il ordonne le tir. Des hommes tombent. Les Grecs rechargent, les catapultes romaines du haut des tours commencent à tirer. Il faut se parer de leurs tirs pour ne pas être blessé, les tirs sont en masse. Plus les tours avancent, plus la pluie de projectiles tombe. Les Grecs ne retirent plus et attendent d'être dans une phase de rechargement adverse. Le moment venu ils tirent également, et essayent d'effectuer le maximum de tirs, mais dans ce laps de temps les troupes sont déjà en masse devant les murailles et essaient de grimper ou de casser les portes. Le front se concentre sur les portes. Les défenses des portes abattent également des hommes. Les tours s'arrêtent et sont à portée de la porte et de ses alentours. Elles commencent à pilonner afin d'abattre les défenseurs de la porte. Strategos sent que c'est la fin, derrière la file des hommes qui attaquent, il y a encore des hommes qui sortent de la colline et encore des hommes, la vision est noire d'hommes. Strategos prend la décision de faire le maximum de dégâts et ordonne de tirer en continu jusqu'à fin des munitions. Il est perdu, il ne voit plus de stratégie à adopter. Noirci de ce qu'il voit, il part se replier dans un angle et voudrait que tout s'arrête.

Mais tout continue. Les cris se rapprochent, se rapprochent et il est arrêté.

Un colis pour la tour fortin.

La tête du Strategos n'a pas été amenée à César, elle part pour Tauroeïs par messager de César qui l'amène au chef de la tour fortin. À la vue de la tête coupée, le chef grec ne comprend pas, il ne le reconnaît pas. Le messager de César dit que Massalia est tombé, il leur dit de se rendre sinon ils seront tous tués puis s'en retourne. Le chef le fait arrêter dans sa course et lui demande à qui appartient cette tête. Il lui dit que c'est celle du Strategos de Massalia. Le chef grec comprend alors que son ancien ami qu'il connaissait devait déjà être mort et dit au messager de partir sans aucun message à faire parvenir à César.

<u>Bandol</u> lecture précise

En fait c'était le départ de César pour Massalia qui était fêté, acclamé, en vainqueur, avec Trébonus a son bord.

Embarqué dans une galère pour le voyage, en passant à l'ouest de la forteresse de Tauroeïs soit les Embiez, il dit quelque chose du genre " bientôt ce sera à nous deux " en regardant la tour fortin au loin. Dans son QG, la journée il avait attendu la nouvelle de l'issue de la bataille qui est arrivée par bateaux venant le chercher. Une fois le messager s'étant exprimé il a demandé si les pertes n'étaient pas trop importantes., c'est la peut-être le chiffre de 1000 hommes, issu de son récit dans la Guerre Civile. Puis il a commencé à se préparer pour le départ. Au château une servante se gave du repas qu'il a laissé, peut être lui avait t'il dit, si nous gagnons tu pourras tout manger, puisque lui est absent. (pas du tout en fait, ce que je verrai plus tard)

<u>À Cytharista</u> c'est la fête également, la fête de la victoire sur Massalia.

<u>Embiez</u> lecture précise

Beaucoup de massaliotes sont déjà partis, les autres attendent que les bateaux reviennent. La population est confiante.

<u>À la tour fortin</u>

Le chef grec rumine sa vengeance et demande à ce qu'on fasse les rites funéraires pour le Strategos, soit dus à son rang, un faux corps est construit pour cacher la décapitation, la camoufler. Ils ne connaissent même pas le nom du nouveau Strategos. Il y a des Grecs qui pleurent dans la tour fortin après l'annonce de la perte de Massalia.

b/ Le génocide de Massalia

Lecture du 27 juin

<u>Aux Embiez</u>, des rites funéraires avec un immense désespoir sont donnés au temple de Perséphone. Beaucoup de prières sont également données au sanctuaire. Peut-être un temple que je n'ai pas encore cartographié dans le centre de l'île n'a pas été détruit donc. Dans la ville, les habitants attendent toujours le prochain bateau avec impatience. Au port, on en construit des nouveaux, soit jour 1 pour la construction d'un nouveau navire, au prochain départ nous pourrons en déduire la durée minimum de construction d'une galère qu'ils ont utilisée pour l'exil. La muraille a bien récupéré, les hoplites ne sont plus malades. Le chef massaliote attend l'heure de sa vengeance.

<u>À Massilia</u> (changement de nom Massalia-Massilia) maintenant, étant passé romaine, les légions encerclent la ville à l'intérieur en partant des murailles et épluchent toutes les habitations jusqu'au centre. César dans sa tente au milieu de son trésor amassé déjà pendant la nuit, se délecte des cris des Massaliotes qu'on assassine. Ils sont tués et traités comme du bétail, tous, hommes, femmes, enfants, vieillards. Une sélection est faite sur les femmes jeunes et jolies pour les vendre

comme esclaves et pouvoir en tirer le meilleur prix. Des bateaux sont prêts à amener ces femmes ailleurs pour être vendues. Les jeunes hommes valides sont également pris comme esclaves. Tous les vieux sont tués, les enfants sont triés et mis de côté pour esclaves dans des mines ou autres. Puis le cercle se referme sur le port. Dans la ville c'est la panique, il y a des vagues d'assaut et d'enlèvement et de meurtres, les légions s'amusent. Ce sont les sentiments les plus bas d'un être humain qui se manifestent. Les légionnaires se transforment en aigle noir. Le but est de tirer le maximum de profit de la situation. A par ceux qui sont triés, les légionnaires ne laissent personne de vivant derrière eux. Le massacre a commencé ainsi, les premiers partants pour les bateaux se sont présentés et mis autour du vieux port puis l'assaut a été donné, rabattu vers le port, ils ont tous été massacrés. Puis le cercle de rabattement a commencé à partir des murailles. Évidemment tout a été récupéré et amené à César sur sa butte dans un premier temps, tous les corps sont brûlés évidemment. Les triés comme esclaves sont entassés sur les bateaux, les hommes aux rames, les femmes jeunes au-dessus. Massacre et tri permanent. Le dernier jour noir de Massalia, le génocide effacé des Massaliotes, le jour de la mort de Massalia. Seuls ceux qui sont utilisables ou vendables sont épargnés pour être esclaves ou vendus en tant que tels, de la chair pour les jeux également. Certains Romains tentent évidemment de cacher un peu d'or ou autre, qu'ils reviendront chercher plus tard. La légion établit son camp en ville. Rouge de sang et noir de la mort et des cendres sont les couleurs de ce jour. Le massacre dure toute la journée, méticuleusement, et organisé suite aux premières vagues qui étaient faites pour terroriser. Dans la légion, ceux qui sont surpris pour cannibalisme sont arrêtés. Les légions se répandent et parsèment leurs petits actes d'horreurs dans toute la ville jusqu'à qu'il n'y ait plus personne. Pendant ce temps, César prend son bain dans sa tente. De l'argent ou des biens récupérés doivent partir je ne sais où pour payer je ne sais quoi (pour Rome certainement, ce que je verrai plus tard et que je signifierai dans mon troisième volume). Puis les légionnaires festoient et s'enivrent. Des femmes prisonnières sont là pour les ravir. Celles qui n'ont pas été sélectionnées. Après s'en être servi, ils les tuent. Des jeux sont faits avec des prisonniers à l'extérieur de la ville, peut être des anciens soldats, on les laisse courir puis on les tue avec des flèches, jeux d'adresse. S'ils sont manqués, des cavaliers les rattrapent. Certains sont catapultés. Mieux vaut ne pas être reconnu comme prêtre ou prêtresses sinon c'est un sort spécial qui vous attend, supplicié. Certains sont suppliciés sur des croix en x, sur des hauteurs pour que leurs cris portent sur la ville, utilisé comme des hauts parleurs accentuant la terreur.

À l'acropole de la Cadière, c'est la fête de la victoire chez les légionnaires ainsi qu'au Castellet.

À Bandol il ne se passe rien, les cartes attendent leur maître.

Aux Embiez, tous les habitants s'impatientent de pouvoir partir. La muraille se prépare à combattre.

Dans la tour fortin, les pleurs ont laissé place à la haine chez tous les hommes. Le chef a des pensées très très basses. Il rumine sa vengeance. Le moral est remonté sur la muraille, avide de vengeance.

À Massilia, tardivement, le jeu préféré des légionnaires est la herse. Ils enterrent un peu moins d'une dizaine de Grecs, laissant la tête dépasser et ils passent à deux chevaux avec une chaîne ou une herse entre les chevaux qui les décapite. (peut-être les douze membres du gouvernement restés à Massalia, les trois principaux étant réfugiés à Tauroeïs)

À cytharista la cité est sereine, César est toujours à Massilia.

Lecture du 28 juin

Au Brusc au bastion sud, à la grande muraille, à la zone d'entraînement, les soldats sont sereins, bien entraînés, prêts aux combats. Le chef rumine sa vengeance, sur le fait qu'il fera beaucoup de dégâts. Les citadins réfugiés espèrent vraiment bientôt partir, la construction des bateaux avance.

À Bandol César n'est toujours pas là, il y a un entraînement en ville pour passer le temps.

À Massilia, des fumées voilent la ville, des cendres noircissent les rues et les murs parfois, dûes à une légère brise. Un feu est parti d'un brasier de cadavres et a mis le feu à une maison, une partie de Massilia brûle maintenant jusqu'à la muraille. Étant parti de quasiment une extrémité, c'est 20% de la ville seulement qui a brûlé côté nord-est. César organise une fête avec des convives et règle ses comptes avec des personnes qui lui avaient dit que Massilia était imprenable, qu'il ne la ferait jamais tomber. Il leur dit de ne plus jamais se représenter à ses yeux. Ils s'en vont évidemment. L'or part pour Rome, semble-t-il, ainsi que les esclaves. La ville est vidée, de la cendre noircit tout. Les Romains réparent les grandes portes de la ville bizarrement, non comme signifié dans les textes ou César a fait démonter les murailles immédiatement après la victoire, après la soi-disante reddition des Massaliotes du 25 octobre 49 av. J.-C. Des soldats vigies sont placés le long de cette dernière, mais plus pour signifier qu'une réelle occupation effective, les légions doivent repartir, elles sont faites pour la guerre et seulement la guerre. Il n'y plus un grec vivant libre en ville ou alors ils sont cachés. César et sa garde traversent la ville vidée, César savoure son plaisir. Il n'y a plus rien, la ville est à lui. Il monte à cheval et part avec sa garde rapprochée soit une dizaine de cavaliers. Il semble revenir sur Bandol. Il passe devant les comptoirs de façon à ce que ses hommes le saluent et l'acclament. Il passe en revue l'organisation des comptoirs. Il hausse le ton sur les hommes présents à Cytharista, il dit que les comptoirs doivent être productifs, la production doit reprendre à son maximum de rendement et que surtout place nette soit faite des installations grecques pour laisser place aux nouvelles constructions romaines (riche villa romaine). Des responsables le paieront si les objectifs ne sont pas atteints. À Massilia, un Grec s'était déguisé en romain, il se débarrasse de son uniforme et s'enfuit. Au camp romain les légions attendent les ordres, les hommes rotent, les ventres sont repus. Quelques soldats se font attraper avec des richesses qu'ils avaient cru pouvoir garder pour eux, ils sont emprisonnés, en cage. Le camp est encore plus noir qu'avant la bataille, leurs âmes se sont noircies un peu plus. Le port se refait propre, une partie côté droit seulement a été nettoyée des anciens navires coulés et les galères romaines s'y appontent sur 30% du port. Bizarrement il n'y a pas de colons romains encore qui reprennent la ville, Massilia est une coquille vide, ou la mort a laissé place à un silence glacial. Les bruits de pas ou de cheval résonnent plus fort dans les rues, ça claque, aucun contre-son pour les atténuer. Il y a à Massilia pratiquement plus que de la matière brute, non vivante et très peu de vie organique, ou seulement romaine. Les Romains sont chez eux. Le vent, la fraîcheur s'abattent sur les murs de Massilia, qui sont du coup bien plus froids par l'absence de réchauffement humain. La ville a perdu des degrés en température, car elle est vide, une coquille vide.

À Cytharista malgré les directives expéditives d'hier de César, tout rayonne.

À La Cadière la cité s'est remplie de beaucoup d'éléments récupérés à Massilia.

Le Castellet a été attaqué par les Ligures comme il n'y avait pas trop de soldats et plus de main-d'œuvre. Ceux qui ont pu fuir ont pu survivre. C'est le chef ligure noir qui est revenu. Il a établi son camp massif à côté de l'ancienne Acropole. Je tairai ce qu'ils font à leurs prisonniers. Les Romains de La Cadière ne contre-attaquent pas encore car le camp ligure est trop massif. En conséquence ils attendent des renforts.

<u>Bandol</u> lecture précise

César rentre tard, retrouve ses cartes, écrit des messages qu'il fait envoyer et prend connaissance de la situation avec les Grecs de Tauroeïs.

<u>Embiez</u> lecture précise

Les soldats se sûr-entraînent au bastion sud, tous les mouvements d'attaque avec la lance sont répétés, répétés, répétés pour bien renforcer tous les muscles qui font chaque mouvement.

Un bateau a été finalisé et est parti. De nuit, les Grecs peuvent voyager avec les étoiles et leurs rameurs. Un tiers de la ville a été vidé, soit un premier convoi. Les plus riches, certainement ceux qui ont pu payer le prix le plus élevé, ou soit le statut de leur rang, sont partis. Ceux qui sont restés ne sont pas aussi impatients de partir, ils semblent rassurés, peut-être savent-ils que les bateaux reviennent dans quelques jours. Ils continuent à construire des bateaux.

Le chef de la défense, Strategos, essaie de se faire parvenir des armes spéciales. Il organise une réunion de guerre avec tous les chefs des bastions, Fort de vigie, etc. L'ordre en cas d'attaque est de faire le plus de dégâts et de mort, pas de quartier, pas de sentiments. Il prie une divinité après la réunion, et va s'entraîner lui-même au tir de lance en jurant contre César et les Romains. Il s'effondre en pleurs parfois, puis la rage fait place aux pleurs, sentiment de dégoût, d'inhumanité reçue. Il se recueille ensuite en regardant le ciel et le lointain, puis pense que son ennemi est là, quelque part derrière ces collines.

c/ César hérite des problèmes des Massaliotes : les Ligures / la préparation à l'ultime combat de Tauroeïs : Les Thermopyles Massaliotes de Tauroeïs

Lecture du 29 juin

<u>À Antipolis</u> les Romains payent cher la décision d'avoir également enlevé les murailles, les Ligures ont rattaqué. Le peu de survivants qu'il reste est au bastion lieu actuel du fort Vauban.

<u>À Nikaïa</u> comme la cité avait à peine commencé à détruire ses murailles, la cité reste romaine. Les Romains la romanisent à nouveau.

<u>Olbia</u> est toujours abandonnée.

<u>Athénopolis</u> est romaine, les murailles ne sont pas détruites.

<u>Héracléia</u> demeure toujours ligure.

Au Port de Massilia, peu de bateaux romains sont en début de port, ambiance de mort, ville morte.

Aux Embiez, le surentraînement est toujours réalisé au bastion sud et à côté, ils ont hâte d'en découdre. Il ne reste plus grand monde au dernier temple encore debout. Tous les bastions sont sur leur garde et prêts à se battre.

À Cytharista les Romains s'activent à fond, la cité doit paraître propre et accueillante. Peut-être César l'a-t-il réservée à quelqu'un ?

À Massilia, la ville est morte. Des chats viennent lécher le sang au sol quand il en reste. Les rats pullulent. Ils sortent au grand jour. Cela commence à devenir un problème. Il ne reste que les gardes de la coquille vide. Certains font de petites récupérations de fortune, bout de fer dans des murs, etc. ils sont réapprovisionnés par un marchand en charrette. À côté du fort extérieur, les plantations reprennent.

À La Cadière, le chef a pris un sacré coup par rapport au massacre du Castellet, il est accablé, car le camp était sous sa responsabilité. Cela est dû à l'erreur d'avoir détruit les murailles. Si les Grecs les avaient faites, ce n'était pas pour rien. Il a été appelé par César. Les soldats attendent les ordres, ils ont hâte d'aller en découdre, ils ont un besoin de vengeance.

Au Castellet, les Romains ont récupéré le camp, ils crucifient en x ou suspendent les prisonniers ligures et les font crier, pour que les Ligures, dont le camp s'est déplacé au col du Beausset, les entendent bien jusqu'à l'agonie. Utilisé comme des haut-parleurs encore comme à Massalia.

Ils ont été surpris de tomber sur les restes du cannibalisme d'hier, ils n'étaient pas habitués à un tel spectacle. Certains ont reconnu des personnes qu'ils connaissaient dans les restes. Ils reconstruisent une enceinte en bois, pour établir un camp militaire.

À Bandol, des soldats d'élite, à cheval, sont partis vers le Castellet j'imagine. Situation de crise au QG de César dû à l'attaque des Ligures, César doit revoir ses plans et est légèrement effrayé. La forêt cache les Ligures, les légions ont l'habitude de combattre à découvert. En forêt les Ligures ont l'avantage et les Romains ne s'y risquent pas. César a hérité des problèmes des Grecs : les Ligures.

Aux Embiez, il n'y a toujours pas de deuxième convoi, les Grecs sont patients. Ils sont les derniers rescapés de Massalia malgré eux.

Au temple de Perséphone, certains font leurs adieux une dernière fois à leur défunt, ils sont prévus pour le prochain transport. Les Grecs ne comprennent pas l'absence d'attaque des Romains. Au port, ils construisent encore un bateau. Au Bastion sud et à côté, les Grecs s'entraînent, adresse, agilité, précision à la lance. À la tour fortin, le chef a reçu ce qu'il avait commandé, comme le premier Stratégos de Massalia, c'était des lances. Il teste le lancer, la précision, le lestage, il est satisfait, mais elles sont différentes peut-être faites pour des lancers précis lointains.

Fin de la première partie du récit d'échos temporel.

C'est ici que je décide de couper mon récit dont je vous livrerai la suite dans mon troisième volume "Tauroeïs, les Thermopyles massaliotes". Nous sommes le 5 juillet 2024 soit je pourrais encore livrer une semaine de récit d'écho temporel, mais je pense que c'est un bon moment pour la coupure. En plus de l'ultime bataille de Tauroeïs qui s'annonce, il y a d'autres éléments surprenant déjà dans cette petite semaine de relevés d'échos qui nous renseigne un peu plus sur des détails de ce tableau de l'antiquité que nous offrent les échos temporels.

Déjà, dans tous les éléments recueillis on peut s'apercevoir évidemment que la bataille navale de Massalia n'a pas eu lieu le 27 juin comme César l'a noté dans la Guerre Civile, mais selon les échos, elle a dû se produire le 15 juin soit le jour ou j'avais relevé que la moitié de la flotte était sortie et c'est également le soir de l'attaque "commando" de Tauroeïs avec les navires grecs capturés lors de la bataille navale. À partir du 17 juin, les navires reviennent abîmés, car ils ont été attaqués. Le 23 juin selon les échos relevés, il a dû y avoir une nouvelle bataille navale également de par le fait que beaucoup de bateaux abîmés rentrent au port avec beaucoup de morts sur leurs ponts. La date du 15 juin pour la première manche de la bataille voudrait dire que la construction de la flotte aurait commencé vers le 16 mai, pourquoi pas, puisque César attaque les murailles de Massalia le 18 mai. Enfin tout ça ne sont que des suppositions, sauf pour la bataille navale du 15 juin et du 17 et je préfère ne me fier maintenant qu'aux échos temporels avant de statuer.

Rendez-vous donc dans "Tauroeïs, les Thermopyles massaliotes" pour l'étape finale de la prise de Tauroeïs dont ceux qui ont lu Tauroeïs et non Tauroentum en connaissent déjà l'issue. Ensuite, il faudra élucider pourquoi César note le 25 octobre pour la chute de Massalia alors qu'elle est tombée le 26 juin. A priori, je pense que cette date doit correspondre au moment où César a dû régler ses problèmes dans tous les anciens comptoirs grecs, à savoir le problème ligure, ou alors le jour réel où il a finalement fait démanteler la muraille défensive de Massalia. Rendez-vous donc dans mon troisième volume pour la suite.

6

Analogie et comparaison avec les textes antiques

a/ la Guerre Civile de César

Évidemment le récit des échos temporels diffère allégrement avec le récit qu'en fait César dans la Guerre Civile. Déjà comme nous l'avons vu précédemment sur les dates de la bataille navale de Massalia qui m'ont fait manquer son écho temporel en date du 15 juin. Cependant les échos valident potentiellement la donnée que César ait attaqué les Massaliotes parce qu'ils se sont ralliés à Pompée soit donc fin avril, début mai, et non comme le dit Lucain, au refus des Massaliotes de laisser entrer les légions romaines dans les murs de Massalia.

Guerre Civile[9]

livre 1

César devant Marseille (livre 1, chapitre 34-35)

[1,34] (1) À son arrivée, César apprit que Pompée avait envoyé en Espagne Vibullius Rufus, **(passage à Tauroeïs au 9 mai ?,1.c)** *que peu de jours auparavant on avait pris à Corfinium et relâché par son ordre; (2) qu'en outre, Domitius était parti pour aller se jeter dans Marseille avec sept galères qu'il avait enlevées par force à des particuliers dans l'île d'Igilium et dans le Cosanum, et qu'il avait remplies de ses esclaves, de ses affranchis, et de colons de ses terres;* **(dans les échos je pense que cela correspond à l'arrivée surréaliste de Domitius , avec beaucoup plus de navires et de troupes armées, il y a apparemment une volonté de César de rabaisser Domitius 4.b lecture du 14 juin)** *(3) et en outre, que Pompée, à son départ de Rome, avait expédié devant lui, comme députés, dans leur patrie, de jeunes Marseillais de nobles familles, en les exhortant à ne pas oublier ses anciens bienfaits pour les*

---

[9]Guerre civile bibliotheca classica selecta voir biblio.num.

obligations plus récentes qu'ils pouvaient avoir à César. (4) Conformément à ces instructions, les Marseillais avaient fermé leurs portes à César, **(les portes à César sont fermées depuis le début, car il a déjà attaqué antipolis, nikaïa, etc, dès début mai soit le première vague d'attaque des comptoirs grecs)** *en appelant à leur secours les Albiques, peuple sauvage qui, de tout temps, leur était dévoué et qui habitait les montagnes au-dessus de Marseille* **(les troupes en renfort de la lecture du 4 juin ?)** *"À Massalia des troupes arrivent en renforts,* **(les Albiques cités plus loin chap 57 ? 3.c)** *; (5) ils avaient fait entrer dans leur ville tout le blé des contrées et des châteaux du voisinage, avaient établi des fabriques d'armes, et réparaient leurs murailles, leurs portes, leurs navires.*

[1,35] (1) César mande quinze des principaux Marseillais; il les engage à n'être pas les premiers à commencer la guerre, leur remontrant qu'ils doivent plutôt suivre le sentiment de toute l'Italie que de déférer à la volonté d'un seul. (2) Il ajoute à cela tout ce qu'il croit capable de les guérir de leur témérité. (3) Les députés reportent ces paroles à leurs concitoyens, et, par leur ordre, reviennent dire à César: "Que voyant le peuple

romain divisé en deux partis, ils ne sont ni assez éclairés, ni assez puissants pour décider laquelle des deux causes est la plus juste; (4) que les chefs de ces partis, Cn. Pompée et C. César, sont l'un et l'autre les patrons de leur ville; que l'un leur a publiquement accordé les terres des Volques Arécomiques et des Helviens; et que l'autre, après avoir soumis les Gaules, a aussi augmenté leur territoire et leurs revenus. (5) En conséquence ils doivent pour des services égaux témoigner une reconnaissance égale, ne servir aucun des deux contre l'autre, ne recevoir ni l'un ni l'autre dans leur ville et dans leurs ports. **(aucune trace de cela non plus, peut être des pour parler avant le second siège pour une victoire facile si les Grecs leur ouvriraient leurs portes, soit une ruse ou des pour parler antérieur à la guerre que je n'aurais donc pas pu relever 4.a lecture du 12 juin)**

Début du siège de Marseille (1,36)

[1,36] (1) Pendant que ces choses se passent, Domitius arrive à Marseille avec ses vaisseaux, et, reçu par les habitants, prend le commandement de la ville. On lui donne aussi la conduite de la guerre. (2) Par son ordre ils expédient leur flotte dans toutes les directions, **(**

l'arrivée surréaliste de Domitius 4.b) *vont chercher de côté et d'autre les vaisseaux de charge, et les amènent dans le port: ceux qui sont en mauvais état leur fournissent des clous, du bois, des agrès, pour radouber et armer les autres; (3) ils mettent dans les greniers publics tout le blé qu'ils peuvent recueillir, et serrent les autres approvisionnements et tout ce qui peut leur être d'usage en cas de siège.* **(récupération et réapprovisionnement avant le deuxième siège 3.d lecture du 3 juin)** *(4) Irrité de cette injure, César vient avec trois légions à Marseille, élève, pour l'attaque de la ville, des tours et des mantelets, fait équiper, à Arles, douze galères. (5) Achevées et armées dans l'espace de trente jours, y compris celui où l'on avait coupé le bois, elles sont amenées à Marseille; César en donne le commandement à D. Brutus, et laisse C Trébonius, son lieutenant, pour conduire le siège.*

Continuation du siège de Marseille (1,56-58)

[1,56] (1) Tandis que ces choses se passent du côté d'Ilerda, les Marseillais équipent, par le conseil de L. Domitius, dix-sept galères, dont onze pontées. (2) Ils y ajoutent beaucoup de barques légères, afin d'effrayer notre flotte par la quantité, y mettent une multitude d'archers

et de ces Albiques dont on a parlé plus haut, et n'épargnent, pour les exciter, ni récompenses, ni promesses. (3) Domitius demande pour lui-même quelques navires, et les remplit des cultivateurs et des pâtres qu'il a amenés. **(je n'ai pas vraiment vu de pâtre de domitius, ou seulement ceux envoyé à La Cadière pour faire fuir les Ligures, toujours une volonté de César de rabaisser domitius 4.b)** (4) Alors, leur flotte étant prête, ils s'avancent avec assurance contre nos vaisseaux, commandés par D. Brutus, et qui étaient à l'ancre près d'une île située vis-à-vis Marseille.

[1,57] (1) La flotte de Brutus était de beaucoup inférieure en nombre; mais César l'avait composée de l'élite de toutes ses légions, **(pour que cachés des légionnaire de la Côte, les hommes de Brutus s'adonnent au cannibalisme, je n'y vois là aucune élite guerrière, cependant dans mon troisième volume à la bataille navale de Tauroentum, ces même soldats mettent en difficulté les Grecs donc il faut bien leur attribuer une certaine rage guerrière)** de soldats choisis dans les premiers rangs, et de centurions qui avaient eux-mêmes demandé cet emploi. (2) Tous s'étaient pourvus de mains de fer, de harpons, d'une grande quantité de javelots, de

dards et d'autres traits. En conséquence à l'approche de l'ennemi, ils sortent du port et attaquent ceux de Marseille. (3) On combattit vivement et avec vigueur de part et d'autre. Les Albiques, montagnards robustes et aguerris, ne le cédaient guère aux nôtres en courage, (4) et, à peine sortis de la ville, ils avaient encore l'esprit plein des promesses qu'on leur avait faites. Quant aux pâtres de Domitius **(rabaissement donc , un pâtre est un berger, pasteur),** *ces hommes féroces, animés par l'espoir de la liberté, et par la présence de leur maître, s'efforçaient de lui montrer ce qu'ils savaient faire.*

[1,58] (1) Les Marseillais, forts de la vitesse de leurs navires et de l'adresse de leurs pilotes, évitaient ou soutenaient aisément le choc des nôtres, et, étendant leurs ailes autant que l'espace le permettait, ils tâchaient de nous envelopper, réunissaient plusieurs de leur vaisseaux contre un des nôtres, et s'appliquaient à briser nos rames en passant. (2) S'ils étaient forcés d'en venir à l'abordage, l'expérience et l'habileté de leurs pilotes faisaient place à la valeur des montagnards. (3) Pour les nôtres, ils n'avaient que des rameurs et des pilotes mal exercés, tirés tout à coup

des vaisseaux de transport, et ignorant même les termes de la manoeuvre; d'autre part la pesanteur de leurs vaisseaux en gênait les mouvements, et, faits à la hâte et de bois vert, ils ne pouvaient avoir la même vitesse. (4) Mais aussi, dès que l'on venait à s'approcher, ils ne s'inquiétaient nullement d'avoir affaire à deux vaisseaux à la fois; et lançant la main de fer, ils les retenaient tous les deux, combattaient à droite et à gauche, et montaient à l'abordage. Après un grand carnage des Albiques et des pâtres, ils coulèrent à fond une partie de leurs vaisseaux, en prirent plusieurs, avec l'équipage, et chassèrent les autres dans le port. (5) Ce jour-là les Marseillais perdirent neuf galères, en comptant celles qui furent prises.

(il s'agit de la première bataille navale de Massalia du 15 juin dont j'ai manqué l'écho temporel par faute de date erronée, Massalia mérite une étude précise que je ferais peut-être l'année prochaine, il me faudrait alors un point de vue surplombant la ville durant tout le temps du siège afin de me concentrer uniquement sur Massalia 4.b lecture du 15 juin, Domitius étant arrivé le jour précédent)

livre 2

Suite des opérations devant Marseille (2,1)

[2,1] (1) Tandis que ces événements se passent en Espagne, C. Trébonius, lieutenant de César, que celui-ci avait laissé au siège de Marseille, dresse contre la ville les mantelets et les tours, et forme deux attaques, (2) l'une dans le voisinage du port et de l'arsenal des vaisseaux, l'autre du côté qui mène de la Gaule et de l'Espagne à cette partie de la mer qui touche à l'embouchure du Rhône. (3) En effet, Marseille est baignée par la mer presque de trois côtés; il n'y a qu'un seul côté où l'on ait accès par terre: encore la partie qui touche à la citadelle est-elle très forte et par sa position et par une vallée profonde qui en rendent l'attaque longue et difficile. (4) Pour exécuter ces travaux, C. Trébonius fait venir de toute la province un grand nombre d'hommes et de chevaux, et se fait apporter des matériaux et des fascines avec lesquels il élève une terrasse de quatre-vingts pieds de haut.

Travaux d'approche (2,2)

[2,2] (1) Mais on avait depuis longtemps pourvu la ville d'une telle quantité de munitions de

guerre et de machines, qu'il n'y avait point de mantelets d'osier qui pussent résister à leurs efforts. (2) Des perches de douze pieds de long, armées de fer par le bout, étaient lancées par d'énormes balistes, et, après avoir traversé quatre rangs de claies, allaient encore se ficher en terre. (3) En conséquence, on fit une galerie couverte avec des poutres épaisses d'un pied et jointes ensemble; et sous cet abri on se passait de main en main ce qui était nécessaire pour la construction de la terrasse. (4) Afin de mettre le terrain au niveau, on avait placé en avant une tortue de soixante pieds, également composée de fortes poutres et enveloppée de tout ce qui pouvait la garantir du feu et des pierres. (5) Mais l'étendue des ouvrages, la hauteur du mur et des tours, le grand nombre de machines des assiégés, retardaient tous les travaux. (6) En outre, les Albiques faisaient de fréquentes sorties et venaient lancer des feux sur les tours et la terrasse; mais nos soldats les repoussaient aisément, et, après leur avoir fait perdre beaucoup de monde, les rejetaient dans la ville. **(je n'ai aucune trace de contre-attaque des albiques, une fois que le siège est commencé, la cité est fermée, personne ne sort, ni même de nuit et personnes vient se frotter aux légions de César ni de dehors**

ni de dedans, de ce que j'ai relevé de cette saison 2024 excepté la sortie des jeunes recrues pour brûler les tours qui n'a eu aucun impact, échec, l'incendie des tours appartient au siège de Tauroeïs et sera traité dans mon prochain volume)

Construction d'une tour (2,8-9)

[2,8] (1) Les légionnaires, qui travaillaient aux ouvrages de la droite, remarquèrent qu'une tour de briques élevée au pied de la muraille pourrait leur être d'un grand secours contre les fréquentes sorties des ennemis. Celle que l'on avait faite d'abord était trop basse et trop petite; (2) cependant elle leur servait de retraite; c'était de là qu'ils se défendaient quand l'ennemi les pressait vivement; c'était de là qu'ils sortaient pour le repousser et le poursuivre. Cette tour avait trente pieds en tous sens, et les murs avaient cinq pieds d'épaisseur. (3) Par la suite, comme l'expérience est un grand maître en toutes choses, à force de combinaisons habiles on reconnut que si on l'élevait plus haut, on pourrait en tirer encore plus de service. Voici de quelle manière on s'y prit.

[2,9] (1) Lorsque la tour eut été élevée à la hauteur d'un étage, ils bâtirent le mur de telle

sorte que la maçonnerie recouvrît l'extrémité des poutres, et qu'il n'y eût aucune partie saillante où l'ennemi pût mettre le feu. (2) Par-dessus ce plancher ils continuèrent le mur de briques, autant que le permirent les parapets et les mantelets sous lesquels ils étaient à couvert; ils posèrent ensuite, assez près de l'extrémité de la muraille, deux solives en croix pour y suspendre la charpente qui devait servir de toit à leur tour; et sur ces solives ils mirent des poutres de traverse qu'ils lièrent ensemble par des chevilles. (3) Ils choisirent ces poutres un peu longues et dépassant un peu le mur, afin qu'on pût y attacher de quoi mettre à couvert les ouvriers occupés à la construction de la muraille; (4) ils couvrirent ce plancher de briques et de mortier pour qu'il fût à l'épreuve du feu, et jetèrent par-dessus de grosses couvertures, de peur que le plancher ne fût brisé par les traits des machines, ou que les briques ne fussent détachées par les pierres que les catapultes lanceraient. (5) Après cela ils formèrent trois nattes avec des câbles servant aux ancres des vaisseaux, de la longueur des murs de la tour et d'une largeur de quatre pieds, et les attachèrent aux extrémités saillantes des poutres, des trois côtés du mur qui faisaient face à l'ennemi: les soldats avaient éprouvé ailleurs que ce rempart était le seul qui fût impénétrable aux traits et aux machines. (6) Cette partie de la tour étant achevée, couverte, et fortifiée contre toute attaque de l'ennemi, ils transportèrent les mantelets aux autres ouvrages; et, prenant un appui sur le premier entablement, ils commencèrent à soulever le toit de la tour, et l'élevèrent (7) jusqu'à la hauteur que les nattes des câbles pouvaient mettre à couvert. Cachés sous cet abri et protégés contre toute insulte, ils travaillaient à la muraille de briques, élevaient de nouveau le toit et se donnaient ainsi de la place pour bâtir. (8) Quand ils étaient parvenus à un autre étage, ils faisaient encore un plancher avec des poutres dont l'extrémité était toujours cachée dans le mur, et de là ils élevaient de nouveau le toit supérieur et les nattes. (9) C'est ainsi que, sans s'exposer à aucune blessure, à aucun danger, ils construisirent six étages. On avait eu soin d'y ménager des ouvertures dans les endroits convenables pour le service des machines.

(un si grand nombre de précisions est peut-être une manière de noyer le poisson. Militairement on se doit de cacher des armes décisives qui feront la différence. À aucun moment il est cité qu'en haut des

tours qui sont mobiles, des catapultes ou balistes était posée soit l'arme de la victoire avec bien sûr, le grand nombre d'hommes pour l'assaut final du 26 juin 5.a)

Impuissance des Marseillais (2,11-13)

[2,11] (1) Effrayés de cette manoeuvre imprévue, les habitants font avancer, à force de leviers, les plus gros quartiers de roche et les roulent du haut de la muraille sur notre galerie. La solidité de la construction résiste à ces coups, et tout ce que l'on jette dessus tombe du toit par terre. (2) Voyant cela, ils changent de dessein; ils allument des tonneaux remplis de poix et de goudron et les précipitent du haut de la muraille sur la galerie. Ces tonneaux roulent, et quand ils sont tombés par les côtés, on les écarte de notre ouvrage avec des perches et des fourches. (3) Cependant nos soldats, à couvert sous la galerie, travaillent à arracher, avec des leviers, les pierres qui soutiennent les fondements de la tour des ennemis. La galerie est défendue par les traits et les machines qui sont lancés de notre tour de briques; les assiégés sont écartés de leur muraille et de leur tour; on ne leur laisse pas la liberté de les défendre. (4) Enfin, un grand nombre des pierres qui supportaient la tour ayant été enlevées, une partie de cette tour

s'écroule tout à coup. Le reste allait également tomber en ruines quand les ennemis, craignant le pillage de leur ville, sortent tous sans armes, la tête couverte de voiles, et tendent leurs mains suppliantes aux généraux et aux soldats.

[2,12] (1) À ce spectacle si nouveau, tout service de guerre est suspendu, et nos soldats cessent les hostilités, curieux d'aller voir et entendre ce dont il est question. (2) Dès que les ennemis furent arrivés vers les généraux et les troupes, ils se jetèrent à leurs pieds et les conjurèrent d'attendre l'arrivée de César. (3) Ils voyaient bien que leur ville ne pouvait pas manquer d'être prise puisque les travaux étaient achevés et leur tour renversée. Ils renonçaient donc à se défendre. Si, à l'arrivée de César, ils n'exécutaient pas ses ordres, un seul mot de lui suffirait pour les anéantir. (4) Mais si la tour s'écroulait entièrement, ajoutèrent-ils, rien ne pourrait contenir les soldats; animés par l'espoir du butin ils envahiraient leur ville et la détruiraient de fond en comble. Les Marseillais, en hommes habiles, dirent ces choses et beaucoup d'autres du même genre en montrant une grande douleur et en versant des larmes.

[2,13] (1) Touchés de leurs prières, les généraux font cesser les travaux et l'attaque, contents de laisser une garde aux ouvrages. (2) La compassion ayant établi une sorte de trêve, on attend l'arrivée de César. Ni d'une part ni de l'autre on ne lance plus de traits, et, comme si tout était fini, le zèle et l'activité se relâchent. (3) En effet, César avait, dans ses lettres, fortement recommandé à Trébonius d'empêcher que la ville ne fût prise d'assaut, de crainte que les troupes indignées de la défection et de la jactance des habitants, et des fatigues d'un long siège, n'en vinssent, comme elles en avaient menacé, à égorger toute la jeunesse. (4) On eut beaucoup de peine à les contenir; elles voulaient entrer dans la ville par force, et elles furent vivement irritées contre Trébonius, qui seul, pensaient-elles, les empêchait de s'emparer de Marseille.(**la trêve? il n'y a eu de trêve qu'après le dégagement de Massalia du siège suite au bombardement massif du 30 mai 3.b. or peut-être après un assaut, le repli, l'arrêt des combats jusqu'à la prochaine attaque, les Romains considèrent cela comme une trêve)**

Les Marseillais incendient traîtreusement les ouvrages (2,14)

[2,14] (1) Mais nos ennemis perfides, méditant une trahison, ne cherchaient que le temps et l'occasion de l'accomplir. Après un intervalle de quelques jours, les esprits étant calmes et sans défiance, tout à coup, sur le midi, tandis que les uns s'étaient éloignés, que les autres, fatigués du travail, dormaient dans les ouvrages, et que toutes les armes étaient posées et couvertes, ils font une sortie, et, à la faveur d'un vent violent, mettent le feu à nos travaux. (2) Le vent pousse la flamme à tel point, qu'en un instant la terrasse, les mantelets, la tortue, la tour, les machines sont embrasés: tout fut consumé avant qu'on en pût savoir la cause. (3) Les nôtres, frappés d'un malheur si subit, prennent les armes qui leur tombent sous la main; plusieurs sortent du camp; ils courent sur l'ennemi; mais les traits lancés du haut des murs, les empêchent de poursuivre les fuyards. (4) Ceux-ci se retirent donc sous les murailles, et de là ils brûlent à loisir et la galerie et la tour de brique. Ainsi, par la trahison des assiégés et par la violence du vent, nous vîmes périr en un instant le travail de plusieurs mois. (**Lucain indique lui dans la Pharsale que la sortie est effectuée par la jeunesse massaliote, or le 23 juin dans les échos j'ai effectivement cette donnée de**

recrutement de jeunes soldats suite à la première attaque avec les tours du 22 juin, mais je n'ai aucun incendie des tours. je pense donc que c'est un épisode qui appartient au siège de Tauroeïs, que je vous livrerai dans mon prochain volume, ou effectivement les Grecs brûlent des tours d'assaut) *(5) Le lendemain, les Marseillais firent une nouvelle tentative; favorisés par le même vent, ils sortirent en foule, attaquèrent avec plus de confiance encore une autre tour et la terrasse, et y portèrent la flamme. (6) Mais, au lieu que les jours précédents nos soldats s'étaient relâchés de leur vigilance habituelle, ce jour-là, avertis par l'événement de la veille, ils avaient tout préparé pour la défense. Aussi, après avoir tué beaucoup de monde à l'ennemi, ils le chassèrent dans la ville sans qu'il eût rien fait.*

Situation désespérée des Marseillais (2,16)

[2,16] (1) Quand les ennemis virent ainsi rétabli en peu de jours ce qui, dans leur espoir, devait nous occuper longtemps; qu'il n'y avait plus moyen de nous tromper ni de nous attaquer à force ouverte; que nos soldats n'avaient pas plus à craindre leurs traits que nos ouvrages l'incendie; (2) qu'il nous était facile de fermer toutes les avenues de leur ville, du côté de la

terre, par un même système de murs et de tours; que déjà nos remparts, élevés presque au pied de leurs murailles, et d'où nous pouvions lancer des traits avec la main, ne leur permettaient plus de se montrer, (3) et que cette proximité rendait inutiles les machines sur les quelles ils comptaient le plus; quand ils eurent enfin considéré, qu'obligés d'en venir aux mains du haut de leur murs et de leurs tours, il leur était impossible de lutter de valeur avec nous, ils pensèrent à se soumettre aux conditions qu'ils avaient déjà proposées.

Capitulation des Marseillais; César part pour Rome (2,22)

[2,22] (1) Les Marseillais, las enfin de tous les maux qu'ils souffraient, réduits à la dernière disette, deux fois vaincus sur mer, toujours repoussés dans leurs sorties, affligés de maladies contagieuses causées par la longueur du siège et par le changement de nourriture (car ils ne se nourrissaient plus que de millet vieilli et d'orge gâté, dont ils avaient jadis pourvu les greniers publics en cas de siège); voyant leur tour détruite, une grande partie des murs renversée, et n'espérant plus de secours ni des provinces ni des armées qu'ils savaient s'être soumises à César, ils se déterminèrent à se rendre de bonne foi. (2) Quelques jours

auparavant, Domitius, ayant appris leurs intentions, avait préparé trois vaisseaux, en avait donné deux à sa suite, et, prenant pour lui le troisième, était parti par une tempête. (3) Les vaisseaux à qui Brutus avait donné l'ordre de veiller sur le port l'ayant aperçu, levèrent l'ancre et se mirent à sa poursuite. (4) Le vaisseau de Domitius fit force de rames, continua de fuir, et, à la faveur du gros temps, disparut; mais les deux autres, effrayés de se voir poursuivis, rentrèrent dans le port. (5) Les Marseillais, conformément à nos ordres, nous apportent leurs armes et leurs machines, tirent du port et de l'arsenal tous leurs vaisseaux, et nous livrent tout ce qu'ils ont d'argent dans te trésor public. (6) Après cela, César, conservant cette ville plutôt par considération pour son antiquité et sa renommée que pour sa conduite envers lui, y laisse deux légions en garnison, et envoie les autres en Italie; quant à lui, il part pour Rome.

(c'est un peu le micmac, certains éléments ressemblent à la réalité des échos, soit la hauteur des constructions romaine, soit les tours, mais la chute de Massalia n'est dû en aucun cas à une reddition, mais bel et bien à la perte des défenses de la ville, la rupture des portes nord du 26 juin. Or César indique

le 25 octobre pour la reddition des Massaliotes. J'essaierai cette année de voir à quoi cela correspond, peut-être à la date réelle de démantèlement de la muraille, car après la victoire les murailles n'ont pas été entièrement démontées comme indiqué dans les textes antiques)

conclusion

J'aborderai la comparaison avec la bataille navale de Tauroentum dans mon prochain volume, car nous ne sommes que le 23 juillet à la date où j'écris ces lignes et je continue les relevés d'échos temporels encore tous les soirs. De ce que l'on peut dire de cette version de César, déjà je ne pense pas qu'il l'ait écrit lui-même, je pense qu'il a pris des scribes, qu'il leur a dicté certains passages, donné des indications, et parfois rajouter sa touche.(en fait ce que je verrais plus tard, il se base sur les rapports de bataille, pour celles ou il n'était pas présent) Ensuite je n'ai aucune idée s'il y a eu des modifications du texte par la suite effectué par l'Empire romain, mais il est évident qu'il n'y a aucune trace du génocide des Grecs. De ce que j'ai vu par la suite, soit les relevés de juillet 2024, cette guerre avec les Massaliotes ressemble plus à une vaste opération d'annexion des territoires à savoir un besoin de renflouer les caisses de Rome qui devaient être vides. En tout cas déjà on peut valider " l'histoire est fausse, elle est écrite par les vainqueurs". De ce que j'ai vu de César dans son empreinte énergétique dans les échos, malgré parfois des sentiments humains très bas qui sont en fait pour son époque commun dans certains cas, César sort vraiment du lot de toutes les personnes qui ont pu émerger des échos avec une intelligence plus que supérieure et pourtant je ne suis en aucun cas un fan de la première heure. C'est pour cela que je me refuse à dire qu'il est l'unique auteur de la guerre civile ou du moins directement ou alors son texte original a été modifié plus tard. C'est bel et bien une bible de dictature. Le peuple romain, la plèbe, avait une grande considération pour les Massaliotes selon les textes étant amis depuis des siècles, les Romains étant venus à leur secours contre les Ligures en -154 av J.-C, les Grecs ont initié les Romains à la navigation, etc. donc c'est une version " cotonnée " qui leur a été offerte et également aux yeux du monde et des historiens, l'humain étant capable de tellement pire et qu'au moment venu du récit, il faut bien se faire un bon autoportrait. Mais disons que globalement nous avons déjà de la chance que tous ces éléments, même faux ou mélangés dans tous les sens, nous soient parvenus. Cette comparaison avec les relevés d'échos temporels, si un jour ils sont reconnus et prouvés scientifiquement par des machines possiblement quantiques, ce qui n'est évidemment pas gagné, nous permettra d'établir le degré de déformation d'un texte antique et de la réalité historique " humaine " et il y a masse. Déjà on peut en avoir un potentiel aperçu de par mes relevés. Pour la suite historique, il est dit que César laissa les Massaliotes dans leurs lois, soient libres, et comme nous l'avons vu, nous en sommes très loin. Or, César meurt quelques années plus tard, la carte de Peutinger indique Mafilia Grecorum. Qu'a t'il pu se passer par la suite? Massalia aurait-elle pu être rendue aux Grecs? Et en quelle année? Antipolis frappait sa propre monnaie après 49 av. J.-C, rendue aussi ? On voit bien dans les échos que les changements de locataire peuvent être rapides et expéditifs et là, malheureusement, pour répondre à cette problématique, je n'ai aucune donnée. Je n'ai que des échos de 49 av jc, je ne saurais pas où chercher les autres.

Voyons maintenant avec la Pharsale de Lucain.

b/ la Pharsale de Lucain[10]

Dans la Pharsale du poète Lucain, qui est beaucoup plus romancée que la guerre civile, il commence à y avoir des éléments qui laissent entrevoir le problème Ligure et l'une des clés de la victoire du siège de Massalia, le char antique.

César sort de Rome et passe les Alpes

Dès que César est sorti des murs de Rome consternée, il semble donner à ses légions des ailes pour franchir les Alpes nuageuses.

Résistance de Marseille et discours de ses députés à César.

Mais tandis que les autres nations frémissent au nom de César, Marseille, colonie de Phocée ose rester fidèle à son alliance (55), garde la foi jurée ; et toute grecque qu'elle est, préfère le parti le plus juste au plus heureux. Cependant elle veut essayer par un langage pacifique de fléchir la fureur indomptable de César et la dureté de cette âme superbe. Ses députés s'avancent, l'olive de Minerve dans les mains,

---

[10] Antiquité grecque et latine, site de philippe remacle , traduction

au-devant de César et de ses légions. **(évidemment une fois de plus, je n'ai rien relevé de ce genre dans les échos, peut être un discours antérieur fait à Rome, ou une lettre de réponse à la demande de reddition de César pendant le siège ou avant , il y a cependant des pour parler dont je n'ai eu qu'une faible trace et dont j'ignore la nature le 12 juin 4.a)**

"Romains, dirent-ils, vos annales attestent que, dans les guerres du dehors, Marseille a, dans tous les temps, partagé les travaux et les dangers de Rome ; aujourd'hui même, si tu veux, César, chercher dans l'univers de nouveaux triomphes, nos mains vont s'armer et te sont dévouées : mais si dans les combats où vous courez, Rome, ennemie d'elle-même, va se baigner dans son propre sang, nous n'avons à vous offrir que des larmes et un asile. Les coups que Rome va se porter nous seront sacrés. Si les dieux s'armaient contre les dieux, ou si les géants leur déclaraient la guerre, la piété des humains serait insensée d'oser vouloir les secourir par des vœux ou par des armes ; et ce n'est qu'au bruit du tonnerre que l'homme, aveugle sur le destin des dieux, saurait que Jupiter règne encore aux cieux. Ajoutez que des peuples sans nombre

accourent de toutes parts, et que ce monde corrompu n'a pas assez le crime en horreur pour que vos guerres domestiques manquent de glaives. Et plût aux dieux que la terre entière pensât comme nous, qu'elle refusât de seconder vos haines, et que nul étranger ne voulut se mêler à vos combattants ! Est-il un fils à qui les armes ne tombassent des mains à la rencontre de son père ? Est-il des frères capables de lancer le javelot contre leur frère ? La guerre est finie, si vous êtes privés du secours de ceux à qui elle est permise. Pour nous, la seule grâce que nous vous demandons, c'est de laisser loin de nos remparts ces drapeaux, ces ailes terribles, de daigner vous fier à nos murs, et de consentir que nos portes soient ouvertes à César et fermées à la guerre. Qu'il reste sur la terre un asile inaccessible et sûr où Pompée et toi, si jamais le malheur de Rome vous touche et vous dispose à un accord, vous puissiez venir désarmés. Du reste, qui peut t'engager, quand la guerre t'appelle en Espagne, à suspendre ici ta marche rapide ? Nous ne sommes d'aucun poids dans la balance des destins du monde. Depuis que ce peuple, exilé de son ancienne patrie, a quitté les murs de Phocée livrés aux flammes (56), quels ont été nos exploits ?

Enfermés dans d'étroites murailles, et sur un rivage étranger, notre bonne foi seule nous rend illustres. Si tu prétends assiéger nos murs et briser nos portes, nous sommes résolus à braver le fer et la flamme, et la soif et la faim. Si tu nous prives du secours des eaux, nous creuserons, nous lécherons la terre ; que le pain nous manque, nous nous réduirons aux aliments les plus immondes. Ce peuple aura le courage de souffrir pour sa liberté tous les maux que supporta Sagonte assiégée par Hannibal. Les enfants arrachés des bras de leurs mères, presseront en vain leurs mamelles taries et desséchées par la faim et seront jetés fans les flammes : l'épouse demandera la mort à son époux chéri, les frères se perceront l'un l'autre, et cette guerre domestique leur fera moins d'horreur que celle où tu veux nous forcer."

Réponse de César.

Ainsi parlèrent les guerriers grecs ; et César dont la colère enflammait les regards, la laisse éclater en ces mots : "Ces Grecs comptent vainement sur la rapidité de ma course. Tout impatient que je suis de me rendre aux extrémités de la terre, j'aurai le temps de raser ces murs. Réjouissez-vous, soldats, le sort met sur votre passage de quoi exercer votre valeur.

Comme les vents ont besoin d'obstacles pour ramasser leurs forces dissipées et comme la flamme a besoin d'aliment, ainsi nous avons besoin d'ennemis. Tout ce qui cède nous dérobe la gloire de vaincre que la révolte nous offrirait. Marseille consent à m'ouvrir ses portes, si j'ai la bassesse de m'y présenter seul et sans armes. C'est peu de m'exclure, elle veut m'enfermer ! Croit-elle se dérober à la guerre qui embrase le monde ? Vous serez punis d'avoir osé prétendre à la paix ! et vous apprendrez que du temps de César, il n'y a point d'asile plus sûr au monde que la guerre sous mes drapeaux. " **(donc selon Lucain, c'est la version ou César est refoulé aux portes de Massalia, et selon les échos c'est évident que les légions sont refoulées vu la première vague d'attaque des comptoirs grecs, de toute manières, selon les échos, depuis le début, les Grecs n'ont aucun doute sur leur sort face à César)**

Il marche vers Marseille pour en faire le siège; premiers travaux.

Il dit, et marche vers les murs de Marseille, où nul ne tremble. Il trouve les portes fermées et les remparts couverts d'une armée nombreuse et résolue.

Non loin de la ville est une colline dont le sommet aplani forme un terrain spacieux. Cette hauteur, où il est facile à César de se retrancher par une longue enceinte, lui présente un camp avantageux et sûr. Du côté opposé à cette colline, et à la même hauteur, s'élève un fort qui protège la ville (**le fort extérieur de protection de la ville**), et dans l'intervalle sont des champs cultivés.

César trouve digne de lui le vaste projet de combler le vallon et de joindre les deux éminences. D'abord, pour investir la ville du côté de la terre, il fait pratiquer un long retranchement du haut de son camp jusqu'à la mer. Un rempart de gazon couvert d'épais créneaux, doit embrasser la ville et lui couper les eaux et les vivres qui lui viennent des champs voisins. Ce sera pour la ville grecque un honneur immortel, un fait mémorable dans tous les âges, d'avoir soutenu sans abattement les approches de la guerre, d'en avoir suspendu le cours ; et tandis que l'impétueux César entraînait tout sur son passage, de n'avoir seule été vaincue que par un siège pénible et lent. Quelle gloire, en effet, de résister aux destins, et de retarder si longtemps la Fortune impatiente de donner un maître à l'univers !

Les forêts tombent de toutes parts et sont dépouillées de leurs chênes ; car il fallait que, le milieu du rempart n'étant comblé que de légers faisceaux couverts d'une couche de terre, les deux bords fussent contenus par des pieux et des poutres solidement unies, de peur que ce terrain mal affermi ne s'écroulât sous le poids des tours.

Description de la forêt sacrée de Marseille que César fait abattre.

Non loin de la ville était un bois sacré, dès longtemps inviolé, dont les branches entrelacées écartant les rayons du jour, enfermaient sous leur épaisse voûte un air ténébreux et de froides ombres. Ce lieu n'était point habité par les Pans rustiques ni par les Sylvains et les nymphes des bois. Mais il cachait un culte barbare et d'affreux sacrifices. Les autels, les arbres y dégouttaient de sang humain **(nous y voila, le problème caché du cannibalisme des Ligures qui vivent dans la forêt)** *; et, s'il faut ajouter foi à la superstitieuse antiquité, les oiseaux n'osaient s'arrêter sur ces branches ni les bêtes féroces y chercher un repaire ; la foudre qui jaillit des nuages évitait d'y tomber, les vents craignaient de l'effleurer. Aucun souffle n'agite leurs feuilles ; les arbres frémissent d'eux-mêmes.*

Des sources sombres versent une onde impure ; les mornes statues des dieux, ébauches grossières, sont faites de troncs informes ; la pâleur d'un bois vermoulu inspire l'épouvante. L'homme ne tremble pas ainsi devant les dieux qui lui sont familiers. Plus l'objet de son culte lui est inconnu, plus il est formidable. Les antres de la forêt rendaient, disait-on, de longs mugissements ; les arbres déracinés et couchés par terre se relevaient d'eux-mêmes ; la forêt offrait, sans se consumer, l'image d'un vaste incendie ; et des dragons de leurs longs replis embrassaient les chênes. Les peuples n'en approchaient jamais. Ils ont fui devant les dieux. Quand Phébus est au milieu de sa course, ou que la nuit sombre enveloppe le ciel, le prêtre lui-même redoute ces approches et craint de surprendre le maître du lieu.

Ce fut cette forêt que César ordonna d'abattre, elle était voisine de son camp, et comme la guerre l'avait épargnée, elle restait seule, épaisse et touffue, au milieu des monts dépouillés. À cet ordre, les plus courageux tremblent. La majesté du lieu les avait remplis d'un saint respect, et dès qu'ils frapperaient ces arbres sacrés, il leur semblait déjà voir les haches vengeresses retourner sur eux-mêmes.
(évidemment les Romains n'ont eu aucune

peur à brûler la forêt, qui était autour de Massalia. C'est le passage lors du deuxième siège ou César fait brûler tous les arbres autour de la ville afin d'offrir à ces vigies, pendant le blocus, une vue parfaitement dégagée. Ainsi lui et ses légions, derrière la colline, pouvaient voir le moindre mouvement de l'ennemi au sol, soit le blocus invisible, car eux-même sont cachés derrière la colline 4/a lecture du 13 juin)

César voyant frémir les cohortes dont la terreur enchaînait les mains, ose le premier se saisir de la flache, la brandit, frappe, et l'enfonce dans un chêne qui touchait aux cieux. Alors leur montrant le fer plongé dans ce bois profané : "Si quelqu'un de vous, dit-il, regarde comme un crime d'abattre la forêt, m'en voilà chargé, c'est sur moi qu'il retombe." Tous obéissent à l'instant, non que l'exemple les rassure, mais la crainte de César l'emporte sur celle des dieux. Aussitôt les ormes, les chênes noueux, l'arbre de Dodone, l'aune, ami des eaux, les cyprès, arbres réservés aux funérailles des patriciens ; virent pour la première fois tomber leur longue chevelure, et entre leurs cimes il se fit un passage à la clarté du jour. Toute la forêt tombe sur elle-même, mais en tombant elle se soutient et son épaisseur résiste à sa chute.

(je traiterai le sujet dans le troisième volume, mais selon les relevés des échos, suite à la chute de Massalia, César se retrouve confronté au problème ligure. Les légions n'ayant aucune chance dans la forêt où les Ligures se cachent stratégiquement s'ils sont attaqués, il prend la décision de brûler massivement la forêt pour raser les Ligures)

À cette vue tous les peuples de la Gaule gémirent, mais captive dans ses murailles, Marseille s'en applaudit. **(Massalia n'est plus là quand il fait ça, soit une coquille vide, traité dans mon troisième volume)** *Qui peut se persuader, en effet, que les dieux se laissent braver impunément et cependant combien de coupables la Fortune n'a-t-elle pas sauvés ! Il semble que le courroux du ciel n'ait le droit de tomber que sur les misérables.*

Quand les bois furent assez abattus, on tira des campagnes voisines des chariots pour les enlever ; le laboureur consterné vit dételer ses taureaux, et, obligé d'abandonner son champ, il pleura la perte de l'année.César trop impatient pour se consumer dans les longueurs d'un siège, tourne ses pas du côté de l'Espagne **(suite à la fin du premier siège? Le bombardement massif du 30 mai? 3.b)**

et ordonne à la guerre de le suivre vers cette extrémité du monde.

Le rempart s'élève sur de solides palissades, et reçoit deux tours de la même hauteur que les murs de la citadelle. Ces tours ne sont point attachées à terre, mais elles roulent sur des essieux obéissant à une force cachée. Les assiégés, du haut de leur fort, voyant ces masses s'ébranler, en attribuèrent la cause à quelque violente secousse qu'avaient donnée à la terre les vents enfermés dans son sein ; et ils s'étonnèrent que leurs murailles n'en fussent pas ébranlées ; mais tout à coup, du haut de ces tours mouvantes, tombe sur eux une grêle de dards. **(le char antique préparation 4.f lecture du 22 juin, 24 juin puis l'attaque décisive le 26 juin . la pharsale est publiée pratiquement plus de 100 ans plus tard en 62-63, il n'y a plus de nécessité de cacher une arme décisive)** *De leur côté, volent sur les Romains des traits plus terribles encore ; car ce n'est point à force de bras que leurs javelots sont lancés : décochés par le ressort de la baliste, ils partent avec la rapidité de la foudre, et au lieu de s'arrêter dans la plaie, ils s'ouvrent une large voie à travers l'armure et les os* *fracassés, y laissent la mort et volent au delà avec la force de la donner encore.*

Cette machine formidable lance des pierres d'un poids énorme, et qui, pareilles à des rochers déracinés par le temps et détachés par un orage, brisent tout ce qu'elles rencontrent. C'est peu d'écraser les corps sous leur chute, elles en dispersent au loin les membres ensanglantés.

Mais à mesure que les assiégeants s'approchaient des murs, à couvert sous la tortue (57), les traits qui de loin auraient pu les atteindre, passaient au-dessus de leurs têtes; et il n'était pas facile aux ennemis de changer la direction de la machine qui les lançait. Mais la pesanteur des rochers leur suffit pour accabler tout ce qui s'approche; et ils se contentent de les rouler à force de bras du haut des murailles. Tant que les boucliers des Romains sont unis et qu'ils se soutiennent l'un l'autre, ils repoussent les traits qui les frappent, comme un toit repousse la grêle qui, sans le briser, le fait retentir. Mais sitôt que la force du soldat épuisée laisse rompre cette espèce de voûte, chaque bouclier seul est trop faible pour soutenir tous les coups qu'il reçoit. Alors on fait avancer le mantelet (58) couvert de terre, sous cet abri, sous ce front couvert, on se prépare à battre les murs et à les ruiner par la base. Bientôt le bélier dont le balancement redouble les forces, frappe et, tente de détacher ces longues couches de pierre qu'un dur ciment tient enchaînées et que leur poids même affermit. Mais le toit qui protège les Romains, chargé d'un déluge de feu, ébranlé par les masses qu'on y fait tomber et par les poutres qui, du haut des murs, travaillent sans cesse à l'abattre, ce toit tout à coup s'embrase et s'écroule, et, accablés d'un travail inutile, les soldats regagnent leur camp. **(assaut perdu du 24 juin ? 4.f)**

Les Marseillais font une sortie nocturne, et brûlent les machines de l'ennemi

Les assiégés n'avaient d'abord espéré que de défendre leurs murailles, ils osent risquer une attaque au dehors. Une jeunesse intrépide sort à la faveur de la nuit : elle n'a pour armes ni la lance, ni l'arc terrible, ses mains ne portent que la flamme cachée à l'ombre des boucliers. **(il pourrait s'agir de ce recrutement de jeunes soldats en date du 23 juin 4.g " De nouveaux recrutements sont faits chez les Grecs. Ils acceptent de très jeunes recrues finalement, dévouées et voulant se battre**

pour défendre leur ville" soit le jour d'après les tests concluants des tours le 22 juin 4.f)

L'incendie se déclare : un vent impétueux le répand sur tous les travaux de César. Le chêne vert a beau résister, les progrès du feu n'en sont pas moins rapides; partout où les flambeaux. s'attachent, le feu s'élance sur sa proie, et des tourbillons de flamme se mêlent dans l'air à d'immenses colonnes de fumée. Non seulement les bois entassés, mais les rochers eux-mêmes sont embrasés et réduits en poudre. Tout le rempart s'écroule en même temps, et dans ses débris dispersés, la masse en paraît agrandie.

(cela doit être certainement faux puisque ça n'a pas empêché l'attaque du 23 et la finale du 26)

Les Romains veulent tenter la fortune sur mer ; description des deux flottes

(c'est la bataille du 15 juin dont j'ai manqué l'écho pour cause de date erronée, mais j'ai quand même la position due aux fréquences résiduelles)

* J'aurais pu faire plus de rapprochement dans les deux textes, mais j'ai considéré que certaines similitudes étaient d'ordre secondaire.

Épilogue

On m'a souvent dit quand je faisais la première cartographie de Tauroeïs, forteresse des élites massaliotes des Embiez et les fortifications de la côte, routes sécurisées et forts de vigies, qu'on n'avait jamais vu ce type de sur exagération de défense. Il est apparu dans les échos temporels un élément permettant de comprendre cette originalité, soit la peur du ligure cannibale. Qu'est-ce qui peut le plus pousser l'homme à se défendre ainsi que la peur d'être mangé… C'est une évidence qui m'est apparue lors de mes relevés, l'exception défensive massaliote due à des voisins particuliers. Je n'ai pas retrouvé le texte correspondant, mais il est dit que les Ligures leur faisant des misères, il fallut construire des murailles. Qui aurait pu croire à ce point. On voit bien dans les échos qu'une muraille ne suffit pas à arrêter les Ligures. Il semble aussi qu'à l'antiquité, le cannibalisme jouissait d'une certaine omerta.

Dans la première partie, temple et sanctuaire, il apparaît qu'un culte de dieu unique rendrait la tâche plus facile en ce qui concerne la logistique des lieux de culte. Peut-être à l'époque déjà des hommes commençaient à y penser indirectement ou inconsciemment, du moins le christianisme va répondre à cette problématique. Ensuite comme nous l'avons vu dans la deuxième partie, l'humain n'aime pas l'humain on va dire. On sent bien qu'il n'est vraiment pas respecté et qu'il peut passer de vie à trépas pour un rien. Or le christianisme va aussi commencer à répondre à cette question : en idolâtrant un seul être, soit Jésus, un homme à leur image, les hommes vont s'aimer eux-même et commencer doucement a plus se respecter. Ainsi peut-être on peut dire que ce changement de religion, soit le christianisme, constitue également un des premiers pas dans l'inconscient humain vers les droits de l'homme.

PLAN ISSUS DE MES RECHERCHES

Sanctuaire de temples de Sanary sur mer

Divinités des temples

1,4,5,7,15c correspondant aux paragraphes du livre

Les 20x50 sont certainement des hexastyles , il y a peut de chance qu'il en soit autrement, les 30x70 sont normalement des octostyles, quand au 40x90 il devrait être également des octostyles, étant sur zone privée je n'ai aucun moyens de vérification. J'ai arrondi les mesures pour reconnaitre les différents temples sur le site. Le champ électromagnétique pouvant avoir parfois un débordement de quelques dizaines de centimètre par rapport à l'édifice, il est impossible pour l'instant d'être précis au centimètre près. Les points rouge du plan désigne la position de la statue et la ligne noire l'entrée soit le sens du temple

10x30 temple prostyle ou in antis

20x50 supposé hexastyle

30x30 tholos

30x70 supposé octostyle comme le Parthénon d'Athènes

40x90 supposé octostyle comme l'Olympiéion d'Athènes

1 Poséidon   dieu de la mer / séisme / fertilité, fils de Cronos et de rhéa , frère de zeus, 20x50

2 Triton (fils de Poséidon) temple in antis 10x30 / fils de Poséidon et d'amphitrite , messagers des flots

3 Tyché / temple in antis 10x30 / divinité de la fortune et de la prospérité

4 Bellérophon (fils de Poséidon) tuant la chimère / fils de Poséidon / 20x50

5 Athéna (soutien de Bellérophon) temple in antis / 10x30 déesse de la guerre et de la sagesse

6 Niké , déesse de la victoire 20x50

7 hydre de Lerne (fils de Typhon, titan des vents forts et tempêtes) temple in antis 10x30

8 Téthys, 20x50

9 Héméra (mère de Thalassa , esprit premier de la mer) 20x50

10 Néréides (nymphes marine dont Amphitrite fait partie) 20x50

11 à l'étude

12 temple de type tholos dédié aux 12 divinités de l'olympe 30x30

13 Héra , femme et soeur de Zeus temple de la taille du parthénon à Athènes : 30x70m , supposé octostyle

14 Persée tuant Céto / 40x 90m supposé octostyle

15 Atlas (qui porte la voûte céleste , repère pour les navigateurs)20x50

16 Callisto 20x50   17 Athéna 20x50

18 Poséidon montant Céto (monstre marin) / 20x50

19 Chrysomallos (fils de poséidon / toison d'or) 20x50

20 Bellérophon montant Pégase / 20x50

21 Athéna tissant une tapisserie / 20x50

22 victoire d'Héraclès sur Scilla / 20x50

23 Scilla / 20x50

24 Aphrodite naissant de l'écume d'une vague et montrant la voie aux navigateurs (protectrice de ses derniers) / 20x50

25 thésée tuant le Minotaure / 20x50

26 décapitation de Méduse d'où naissance de Pégase et Chrysaor / 20x50

27 griffon / 20x50   28 Zeus / 20x50

29 Griffon et Apollon / 20x50   30 Prométhée / 20x50

31 32 33 à l'étude / 20x50

34 Opis / 20x50

35 Héraclès tuant Némée de ses mains / 20x50

Les petits temples in antis que j'ai trouvé ont des côtes qui se trouvent plutôt autour de dix mètres par trente soit un naos plus profond. En ce qui concerne le style de colonne, vu la période de création de Tauroeïs, soit 300 av J.-C, le style utilisé était certainement corinthien.

HÉPHAÏSTÉION

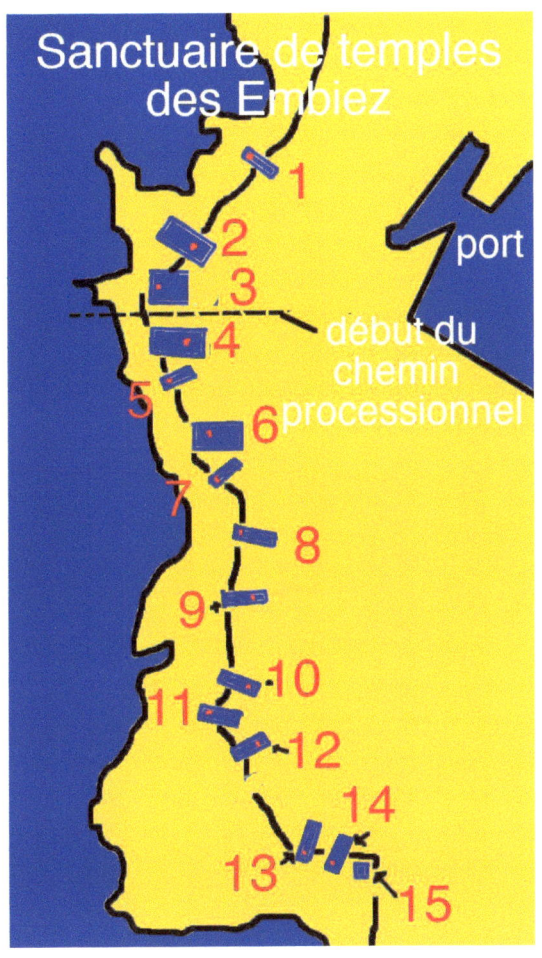

1 / Méduse   2/ Poséidon sur son char avec Amphitrite
3/ Artémis   4/ Hadès et Cerbère   5/ Danae
6/ Poséidon retenant Céto   7 / Andromède   8/ Acrisios transformé   9/ Persée recevant l'aide d'héra ?   10/ Mort d'Acrisios   11/ Athéna donnant une épée a Persée
12/ Acrisios roi d'Argos   13/ Athéna Parthénos
14/ Hadès   15 / Aphrodite

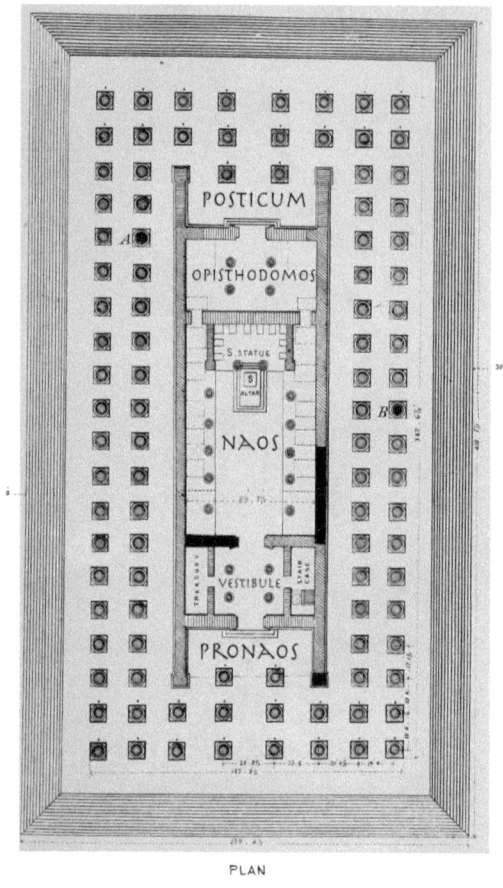

Plan du temple d'Artémis d'Éphèse[11], 70x 137m crépis compris. Il se pourrait que le grand temple de Tauroeïs soit sur le même modèle du moins les mesures du temple jusqu'à la colonnade extérieure, 50x110 y correspondent.

---

[11] Voir biblio.num.

Le crépuscule des Massaliotes

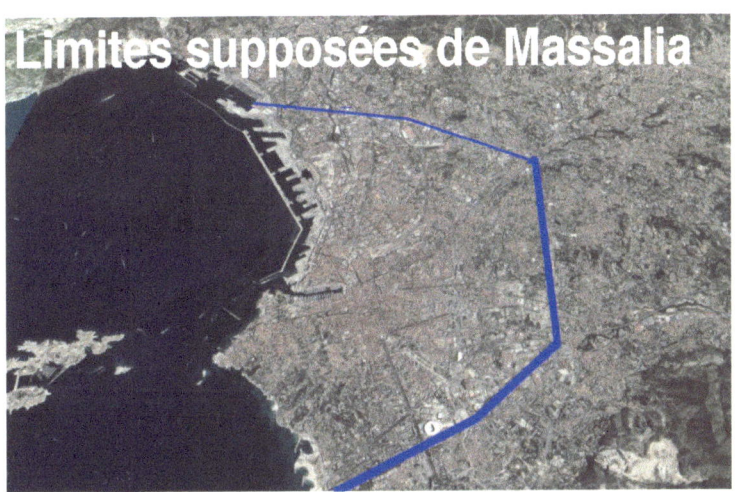

J'ai mis cette vue de marseille sans mes limites pour bien montrer que la muraille se trouve dans des saillies encore visible dans l'urbanisation contemporaine. Une fois un édifice détruit, il reste un aplat qui sert rapidement de route, et le temps et l'utilisation fait le reste.
(fond de carte issue de géoportail)

J'ai pu réalisé les relevés réels (en bleu) sur l'avenue pierre Mendès France

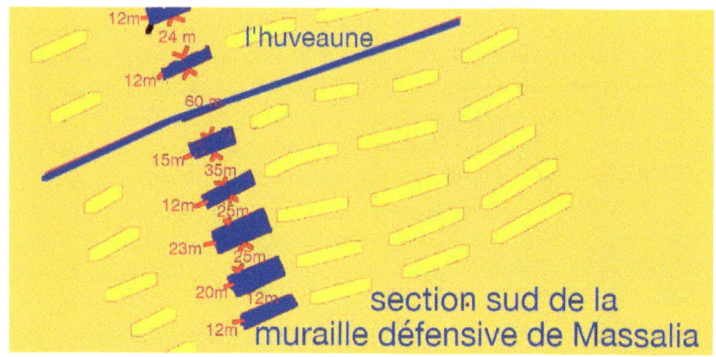

Mouvement de la légion romaine du 15 juin

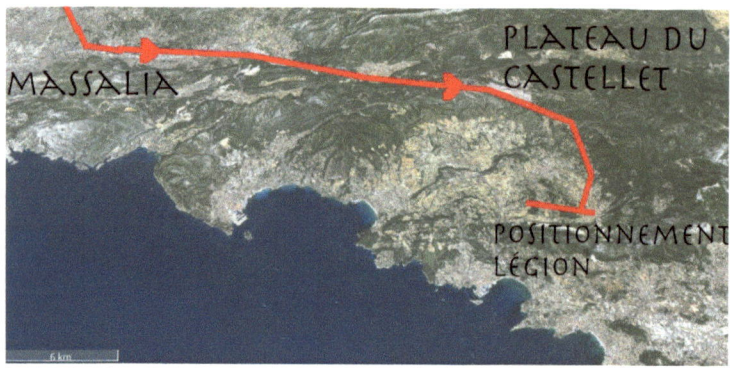

(fond de carte issu de géoportail)

Attaque de Tauroeïs ouest (Bandol) du 18 juin

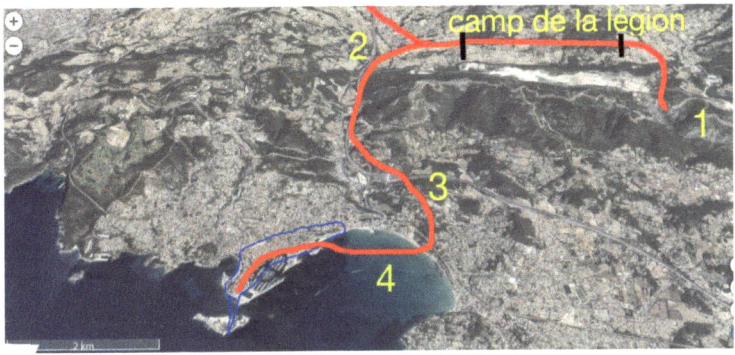

1 assault repoussé du front du fort du Gros Cerveau

2 repli de la legion pour l'attaque vers la Cadière, le Castellet et Bandol

3 tentative de passage échoué des fortifications de Tauroeïs

4 repli de l'attaque vers Bandol

Mouvement de la légion dans les attaques des comptoirs grecs

1 assault repoussé du front du fort du Gros Cerveau **2** repli de l'attaque vers Tauroeïs ouest (Bandol) **3** repli de l'attaque sur la Cadière **4** repli de l'attaque sur le Castellet **5** attaque de Cytharista **6** attaque abandonnée de Carcisis **7** retour au camp pour le siège de Massalia. (fond de carte issu de géoportail)

Pour aider à la compréhension des assauts au Brusc/Embiez

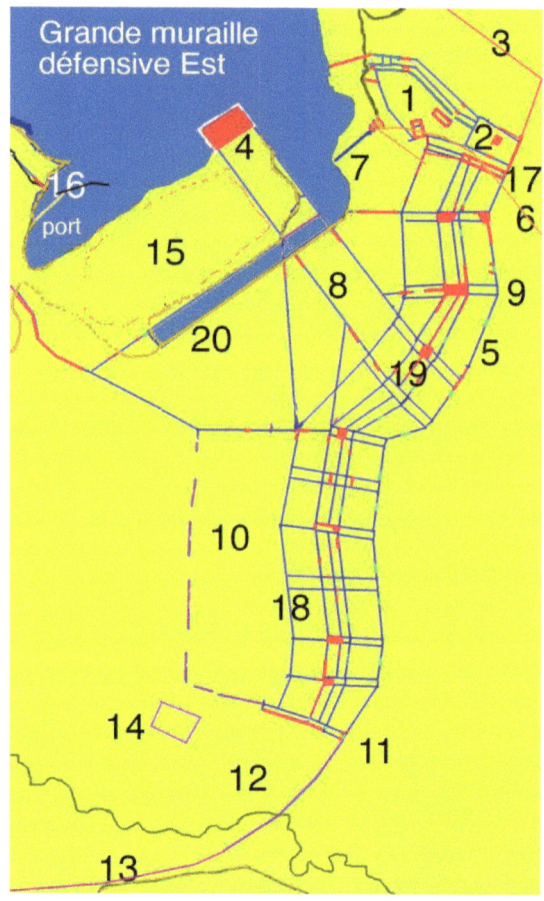

1 bastion nord **2** tour fortin **3** le 80m **4** édifice de défense du port **5** le 40m **6** aqueduc grec de Tauroeïs **7** bassin de remplissage des amphores / réapprovisionnement en eau des navires **8** mur rempart sud du bras de jonction muraille / plateforme de défense du port **9** ceinturon place du Mail **10** petit dédale pour les mercenaires / intrusion nocturne/assaut **11** porte sud de la grande muraille défensive **12** emplacement du bastion sud **13** passerelle de jonction muraille / forteresse **14** caserne du bastion sud **15** marécage laissé volontairement **16** port de commerce et militaire **17** entrée nord de la grande muraille défensive **18** le 30 mètres qui ferme la grande muraille   **19** ensemble des trois remparts   **20** mouillage sécurisé des navires

C fortin du mécanisme d'ouverture de la chaine

Rien ne vaudra la lecture de Tauroeïs et non Tauroentum, mon précédent volume, pour s'affranchir de la cartographie de Tauroeïs et de toutes les informations nécessaires à la compréhension globale de tous les éléments géographique du récit des échos temporels

INDEX

ré introduction……………………………………….7

1ER PARTIE - TEMPLES ET SANCTUAIRES

1 Les débuts du sanctuaire de temples de Sanary/ La récompense ……………………………………...15

2 Retour à Tauroeïs au bastion nord………………25

3 Portissol partie ouest / Un nouvel angle de vision et d'analyse du sanctuaire…………………………… 27

4 Première élucidation des divinités de la rangée de temple………………………………………………….35

5 Les temples à droite de la colonne de temples centrale…………………………………………………...43

6 Un temple en plein centre de Sanary…………..49

7..Quatre nouveau grand temple à Portissol………53

8 La rangée de temple fonçant vers le haut de la colline / Le grand temple…………………………….55

9 Le petit sanctuaire de Bandol …………………...61

10 Réflexion d'ensemble…………………………….63

11 L'Acropole du Castellet……………………………67

12 L'Acropole de La Cadière d'Azur……………….73

13 Le sanctuaire des îles des Embiez…………….77

14 Erratum……………………………………………….85

15 Encore des temples................................….… 89

a/ Temples de Six-Fours……................................89

b/ Bâtiments administratifs grecs de Sanary……..90

c/ Les temples du front de mer de Sanary………...91

2ÈME PARTIE

LE CRÉPUSCULE DES MASSALIOTES

1 Le début de la guerre de César contre les Massaliotes

a/ L'exil des riches familles grecques massaliotes de Tauroeïs / La scission entre les massaliotes : la guerre civile..101

b/ Extension des relevés aux autres comptoirs avoisinants incluant la capitale Massalia / Absence de César à ces portes......................................109

c/ Passage de Vibullius Rufus (envoyé en Espagne par Pompée) et de ces troupes par voie maritime...112

d/ La fuite précédant l'arrivée des légions de César..117

e/ Destruction des temples hors fortifications avant l'exil...122

2/ Les légions de César aux portes de Massalia

a/ Le début du siège de Massalia................... 127

b/ La première vague d'attaque romaine, le sort d'Antipolis et de Nikaïa 128

c/ Le problème caché des Ligures...................134

d/ Premiers relevés de la muraille défensive de Massalia…………………………………………...…135

e/ Enlisement du siège de Massalia / Date de la décision d'augmenter la flotte………………………..139

3 /La contre offensive Massaliote

a/ Début de la reprise des comptoirs grecs ……..153

b/ Le dégagement du siège romain, Massalia la suprème………………………………………………158

c/ La vague de reprise et de relance des comptoirs grecs…………………………………………………162

d/ Reprise de la partie ouest de Tauroeïs, soit Bandol actuel et de l'Acropole du Castellet…………..165

e/ Reprise de Nikaïa et d'Antipolis………………179

f/ Le retour de l'ombre ligure………………………196

4/ Deuxième siège romain de Massalia

Reprise progressive romaine des comptoirs grecs

a/ Un blocus invisible……………………………199

b/ L'entrée surréaliste dans tous les comptoirs Grecs de la flotte de Domitius………………..204

c/ Tauroeïs et le gouvernement Massaliotes ciblés : une légion pour les fortifications de la bande côtière de Tauroeïs et une attaque éclair de troupes d'élite pour la forteresse des Embiez..........................211

d/ La vague d'assaut de la légion romaine, Bandol, la Cadière, le Castellet, Cytharista, rasées de tout ennemi en 1 jour..221

e/ Installation de César à son nouveau quartier général des opérations à Tauroeïs ouest soit Bandol

....225

f/ préparation d'une nouvelle stratégie d'attaque pour le siège de Massalia : le char antique..........234

g/ Reprise des comptoirs grecs, Antipolis ,Nikaia, Olbia , Athénopolis..236

5 /La chute de Massalia / Fin du siège / Le dernier jour de Massalia / génocide

a/ La chute de Massalia.................................249

b/ Le génocide de Massalia........................... 257

c/ César hérite des problèmes des Massaliotes : les Ligures / la préparation à l'ultime combat de Tauroeïs : Les thermopyles massaliotes de Tauroeïs

....265

6/ Analogie et comparaison avec les textes antiques

a/ la Guerre Civile de César……………………………..271

b/ La Pharsale de Lucain………………………...297

Épilogue…………………………………………….311

Plans issus de mes recherches……………………313

bibliographie numérique

Pour toute demande de rectification si oubli de citation ou autre, contact via page facebook'' Tauroeïs et non Tauroentum''

Note 1 (page 19)

Héphaïstéion. (2024, avril 24). *Wikipédia, l'encyclopédie libre*. Page consultée le 19:18, avril 24, 2024 à partir de http://fr.wikipedia.org/w/index.php?title=H%C3%A9pha%C3%AFst%C3%A9ion&oldid=214545637.

plan de l'Héphaïstéion page free.fr jf bradu (consultation octobre 2024)

http://jfbradu.free.fr/GRECEANTIQUE/GRECE%20CONTINENTALE/PAGES%20THEMATIQUES/temple-grec.php3   (illustration adaptée p 316)

Note 2 (p22)

toutes les informations concernant la mythologie grecque et les divinités sont issus de wikipédia

https://fr.wikipedia.org/wiki/Wikip%C3%A9dia:Accueil_principal

note 3 (p23)

Parthénon. (2024, octobre 17). *Wikipédia, l'encyclopédie libre*. Page consultée le 16:41, octobre 17, 2024 à partir de http://fr.wikipedia.org/w/index.php?title=Parth%C3%A9non&oldid=219534107.

Note 4 (page 32)

Table de Peutinger. (2024, octobre 9). *Wikipédia, l'encyclopédie libre*. Page consultée le 22:40, octobre 9, 2024 à partir de http://fr.wikipedia.org/w/index.php?title=Table_de_Peutinger&oldid=219329852.

Note 5 (Page 41)

Olympiéion (Athènes). (2024, juillet 8). *Wikipédia, l'encyclopédie libre*. Page consultée le 14:20, juillet 8, 2024 à partir de http://fr.wikipedia.org/w/index.php?title=Olympi%C3%A9ion_(Ath%C3%A8nes)&oldid=216631755.

Note 6 (P103)

Optimates. (2024, février 19). *Wikipédia, l'encyclopédie libre*. Page consultée le 02:11, février 19, 2024 à partir de http://fr.wikipedia.org/w/index.php?title=Optimates&oldid=212595459.

Populares. (2024, septembre 26). *Wikipédia, l'encyclopédie libre*. Page consultée le 06:45, septembre 26, 2024 à partir de
http://fr.wikipedia.org/w/index.php?title=Populares&oldid=218938489

Note 7 (p180)

page Facebook '' prayers of gods of hellas"

https://www.facebook.co/PrayerstotheGodsofHellas

note 8(p205)

arbre celtique / les territoires des oxybiens et des deciates sont cédés à Massalia

http://www.arbre-celtique.com/encyclopedie/territoires-des-oxybiens-et-des-deciates-sont-cedes-a-massalia-154-10459.htm

note 9 (p 273**)**

Guerre Civile jules césar livre 1&2

Collection Nisard: Salluste, Jules César, C. Velléius Paterculus et A. Florus: oeuvres complètes, Paris, 1865, 727 p.   Biblioteca classica

https://bcs.fltr.ucl.ac.be/CAES/BCI.html

note 10 (p297)

la pharsale livre 3

site de Philippe Remacle

https://remacle.org/bloodwolf/historiens/lucain/livre3.htm

note 11 (p320)

plan By John Turtle Wood - http://online.mq.edu.au/pub/ACANSCAE/chapters/chapter09.htm, Public Domain, https://commons.wikimedia.org/w/index.php?curid=3324874